마음속 두드림

마음을 두드리는 하나님의 음성

마음속 두드림

임은미(유니스) 지음

교회성장연구소

추천사

오늘날 청년 사역에 있어서 소그룹 나눔은 선택이 아니라 필수적인 것이라고 할 수 있습니다. 미디어와 정보 통신의 발달로 그 어느 때보다 소통을 중요시하는 시대가 되었기 때문입니다. 이러한 시대 흐름에 발맞춰 청년들은 스마트폰과 각종 SNS 등을 통해 쉼 없이 서로 교제합니다.

하지만 이처럼 소통을 중요시하는 청년들이 교회 안에서는 침묵을 지킬 때가 많이 있습니다. 예배 후 소모임 등을 통해 나눔의 시간을 가질 때, 자신의 신앙을 나누는 데 있어서 부담스러워하거나 주저하는 것을 종종 볼 수 있습니다. 이전과는 달리 다소 정체되어 있는 소그룹 나눔의 활성화는 청년 사역의 주된 과제로 떠오르고 있습니다.

여러 해 동안 해외 한인 청년들의 영적 성숙을 위한 코스타 강사 및 국내외 수많은 청년 집회 강사로 헌신하며 청년 사역에 힘써 온 임은미 선교사의 『마음속 두드림』은 이러한 청년 사역의 고충을 해결하는 청량제가 될 것입니다. 이를 통해 청년들이 말씀을 나누며 원활한 교제와 소통이 이루어질 것을 확신합니다. 이 교재는 청년들이 관심을 가질 만한 주제를 선정해 이와 관련된 성경 구절을 쉽게 풀이해 주며, 실생활과 관련된 나눔 질문들을 통해 자신의 삶 속에서 어떻게 신앙을 잘 지켜 나갈 수 있을지 생각해 보도록 도와 줍니다.

하나님께서는 하나님 자신의 존재 안에서 성부, 성자, 성령께서 서로 깊은 교제를 나누시는 것처럼 성도 간에도 깊은 교제가 이루어지기를 원하십니다. 따라서 소그룹 나눔의 회복은 하나님의 큰 기쁨이 될 것입니다. 소그룹 나눔에 대해 어려움을 겪고 있는 청년 사역자들이 사랑하는 동역자 임은미 선교사의 책을 통해 큰 힘을 얻고 원활하게 소그룹을 인도할 수 있게 되기를 바랍니다. 그리하여 청년 세대에 다시 한 번 부흥의 역사가 일어나며, 청년들을 통해 한국교회에 큰 부흥이 일어나게 되기를 간절히 소망합니다.

여의도순복음교회
담임목사 이영훈

추천사

이 책은
마음을 지키고
나를 만들고
죄와 싸우고
관계를 세워 가기 위한 책입니다.

위의 것들만 다 해결되면
인생, 살 만하지 않겠습니까?
이 책은 어렵지 않습니다.
재미있습니다.
핵심을 찌르고 있습니다.

그래서 당신을 위한 책입니다.
나를 위한 책입니다.
특히 리더들에게 좋은 책입니다.
소그룹 리더들에게 특히 좋은 책입니다.

인생의 향방을 분명히 하는 데 도움 될 책입니다.

이 책은 아프리카에서 선교한 야성에
여러 나라를 섭렵한 국제성에다가
청년들과 함께한 풋풋한 유머성이 있어
책이 골치 아픈 사람들도 깨울 수 있습니다.
책장마다 임은미 선교사가 펄펄 뛰고 있습니다.

은혜 많이 받으십시오.
그리고 은혜를 전하는 도구로 소중하게 쓰임 받기를…

복음의 동역자 된, 이동원 목사 드림
지구촌교회 원로, 국제 코스타 이사장

추천사

'모든 일은 마음먹기에 달려 있다'라는 말이 있다. 성경에서도 잠언기자는 '지킬 만한 것 중에서 마음을 지키는 일'을 강조한다. 하지만 그리스도인들이 마음을 지키며 사는 것이 현실 앞에 녹록지 않은 것이 사실이다. 이런 딜레마에 봉착한 모든 그리스도인에게 본서는 영적인 도전을 주기에 충분하다.

본서는 그리스도인이라면 반드시 짚고 넘어가야 할 주제를 다룬다. 자칫 어렵고 딱딱한 구성과 내용이 될 수 있지만 삶의 예화와 묵상을 통해 독자로 하여금 명확하게 진리를 알게 한다. 무엇보다 성경을 통해 답을 찾는 방식과 실천적 삶에 대한 강조도 놓치지 않았다.

신앙생활의 연수가 많은 사람이 스스로의 신앙을 점검하는 데 유익할 뿐만 아니라, 이제 막 신앙생활을 시작한 사람이 하나님에 대하여 배워 가기에 충분하다.

이 책을 통해 많은 독자들이 마음대로 되지 않는 현실에서 '마음 지키기'를 훈련하여 예수님을 닮아 가는 삶을 살아가기를 소원한다.

수원중앙침례교회 고명진 목사

추천사

임은미 목사님의 책은 교재라기보다는 도전서!라고 말하고 싶습니다. 목사님을 옆에서 보면 하루도 쉬지 않고 묵상을 하고 그것을 통해 하나님을 더욱 기쁘시게 하는 모습을 보게 됩니다. 심지어는 어머니를 잃은 슬픈 상황에서도 묵상을 놓지 않는 모습은 많은 팔로우들에게 큰 감동과 위로, 그리고 도전을 주었습니다.
임은미 목사님은 이 시대에 귀한 청년들의 멘토입니다. 그분이 묵상을 통해 안내해 주는 길을 따라가다 보면 어느새 예수님의 따뜻한 마음과 삶에서 적용할 수 있는 말씀의 진리를 발견하게 됩니다.
이번에 출간되는『마음속 두드림』이 저와 같은 청년들에게 큰 도전과 결단을 줄 수 있는 지침서가 될 것을 기대합니다.

차다운 | 여의도순복음교회 문서팀《소명》총무

누구나 이런저런 사회 경험이 쌓이다 보면 한결같은 사람을 만나기가 쉽지 않다는 불편한 진실을 알게 됩니다. 그러나 감사하고 놀랍게도 임은미 선교사님은 묵상과 삶이 일치하는 한결같은 목회자이십니다. 저 역시 목사님의 권면으로 매일매일 큐티를 하게 되었고 믿음이 더욱 자라날 수 있었습니다.
이번에 임 선교사님의 묵상을 바탕으로 소모임과 큐티를 할 수 있는 교재가 출간되었다니 기쁜 마음을 감출 수 없습니다. 이 책이 많은 그리스도인들의 신앙을 지키고 키워 나가는 데 큰 도움이 될 것이라 확신합니다.

김우섭 | 여의도순복음교회 문서팀《소명》팀원

프롤로그

나는 1994년 2월 아프리카 케냐에 선교사로 파송을 받았다. 그리고 2015년에 여의도순복음 파송교회의 캠 대학 선교회의 내셔널 디렉터로 발령을 받았다.

교회 청년국에서 사역을 하면서 내가 처음 맡았던 사역은 《소명지》에 매주 글을 싣는 것이었다. 《소명지》는 우리 여의도순복음교회의 청년들이 매주 청년예배가 마친 후에 각 구역예배에서 사용하는 공과이다.

교회의 지체들이 주일 공예배를 마치고 난 다음 서로를 더 깊이 알기 위해 그리고 서로의 믿음의 진보를 도와주기 위해 모여서 나눔을 갖는 시간…. 그런데 이 나눔의 시간에 서로의 마음을 열고 편하게 이야기를 하는 것이 쉬운 일이 아님을 알게 되었다. 그래서 어떻게 하면 지체들이 소그룹으로 모여서 서로의 삶을 나눌 때 성경말씀이 편한 대화의 연결고리가 될 수 있을까를 염두에 두면서 글을 썼다. 공동체와 함께하는 신앙생활에 "삶의 나눔"은 참으로 중요한 요소라고 하겠다.

아무쪼록 이 책이 어느 공동체에서든 소그룹으로 모여 하나님에 대한 이야기를 할 때 서로의 삶을 나누는 대화들을 쉽게 연결해 주는 그런 책이기를 바라고 소원한다. 그리고 이 책의 매과 내용들은 딱히 나누어야 할 이야기에 대한 준비를 집에서 미리 해오지 않고도 모인 그 자리에서 함께 읽고 이야기를 나눌 수 있도록 구성해 두었다. 그리고 읽은 내용에 따라 대화를 나눌 질문들을 만들어 놓았기 때문에 나눔의 시간에 누구라도 참여하는 데 어렵지 않도록 구성해 두었다.

《소명지》에 매주 글을 실을 때마다 내가 쓴 글을 꼼꼼하게 읽어 주고 교정하여 주고 기도의 동역을 아끼지 않아 준 《소명》 문서팀에게 마음 다하여 감사를 드린다.

이 교재를 사용하는 모든 모임 위에 각 개인에게 믿음의 진보와 성령님의 "화목케 하심"의 역사가 함께하시기를 기도드린다.

목차

죄와 싸우기

관계 세우기

마음 지키기

1장

내 마음의 중심을 하나님은 아신다

레위기 10:16-20

[16]모세가 속죄제 드린 염소를 찾은즉 이미 불살랐는지라 그가 아론의 남은 아들 엘르아살과 이다말에게 노하여 이르되

[17]이 속죄제물은 지극히 거룩하거늘 너희가 어찌하여 거룩한 곳에서 먹지 아니하였느냐 이는 너희로 회중의 죄를 담당하여 그들을 위하여 여호와 앞에 속죄하게 하려고 너희에게 주신 것이니라

[18]그 피는 성소에 들여오지 아니하는 것이었으니 그 제물은 너희가 내가 명령한 대로 거룩한 곳에서 먹었어야 했을 것이니라

[19]아론이 모세에게 이르되 오늘 그들이 그 속죄제와 번제를 여호와께 드렸어도 이런 일이 내게 임하였거늘 오늘 내가 속죄제물을 먹었더라면 여호와께서 어찌 좋게 여기셨으리요

[20]모세가 그 말을 듣고 좋게 여겼더라

시작하며

내가 하는 모든 일들이 보는 이와 듣는 이로 하여금 내 마음 그대로 다 전해질 수 있다면, 이 땅에 사는 우리들이 '관계'나 '소통'으로 인하여 어려움을 겪는 일들이 얼마나 많이 줄어들까

하는 생각을 한다.

오늘 묵상 말씀은 어쩌면 '삶의 적용'으로 조금 애매한 부분이 있을 수도 있지만 묵상을 통하여 우리들의 중심이 이웃에게 잘 전달되기를 바라는 마음! 그리고 우리 그리스도인들이 좀 더 '융통성' 있는 전도 방법을 택할 수 있기를 바라는 마음으로 아래 묵상을 나눠 보기로 하자.

> 아론이 모세에게 이르되 오늘 그들이 그 속죄제와 번제를 여호와께 드렸어도 이런 일이 내게 임하였거늘 오늘 내가 속죄제물을 먹었더라면 여호와께서 어찌 좋게 여기셨으리요 모세가 그 말을 듣고 좋게 여겼더라 (레 10:19-20)

분명 아론은 제사를 지낸 속죄제와 번제를 거룩한 장소에서 먹어야 했다. 이것이 지켜야 할 명령이었다. 그런데 아론은 그것을 먹지 않고 다 태워 버렸다. 그때 모세가 하나님의 명령을 지키지 않은 아론을 심하게 꾸짖는다.

> 그 피는 성소에 들여오지 아니하는 것이었으니 그 제물은 너희가

내가 명령한 대로 거룩한 곳에서 먹었어야 했을 것이니라 (레 10:18)

그때 하나님의 명령을 그대로 지키지 않았던 이유를 아론은 침착하게 모세에게 설명을 했다. 그 이유를 들은 후 모세는 그 말을 좋게 여겼다고 했다. 영어로는 모세가 '만족했다'(satisfied, NIV)라는 말로 나온다.

나는 한국에서 택시를 타면 기사님에게 전도를 자주 하는 편이다. 기사님들과 이야기를 할 때 교회를 다니지 않으신다고 하면 그 이유를 꼭 여쭈어 본다.

"기사님! 이유가 있을 텐데요? 왜 교회 다니는 것이 불편하실까요?"

그때 들은 답들 중에 하나는 교회를 다닌다는 이유로 제사를 지내러 오지 않는 친척들에 대한 불만 때문이었다. 추석이나 설날뿐만 아니라 한국 사람들은 제사를 많이 지낸다. 그리고 제사를 지낼 때 조상을 섬긴다는 이유로 절을 한다. 이것이 분명 옳은 것은 아니다. 그러나 이런 명절 때 제사를 지내는 것이 싫다고 집안의 어르신들을 아예 찾아뵙지 않고 친척들과 교류를 끊어 버리는 경우 또한 옳지 않다고 생각한다.

제사를 지내야 할 필요는 절대로 없다. 그러나 친척들이 모여 먹을 음식을 위해 비기독교인 며느리들이 부엌에서 힘쓰는데 어느 교인 며느리는, 손가락도 꼼짝 안 한다고 한다면?

그러한 친척들의 얌체 같은 모습이 싫어서 교회 안 나간다고 하는 분들을 몇 만났다. 그리스도인으로서 그렇게 하는 것이 과연 옳은 태도일까?

나아만은 앗수리아의 장군이었다. 나병에 걸린 그를 하나님이 낫게 해주었을 때 나아만은 선지자 엘리사에게 자기가 본국으로 돌아가면 왕을 도와서 왕이 우상에게 절할 때 자기도 해야 하니, 그것은 이해해 달라는 말을 했다. 그가 이방의 왕을 섬기는 군대장관이었기 때문에 그렇다.

나는 이 예를 조상들에게 제사할 때 나도 제사하는 것을 이해해 달라는 뜻으로 말하라고 하는 것이 아니다.

고린도전서 10장에 보면, 우상에게 제사 지낸 음식을 먹을 것인가 말 것인가에 대한 토론이 나온다.

우상에게 드려진 것? 우상 그거 뭐야? 하나님도 아닌데, 그러면서 그 음식을 먹는 사람 있다고 했다. 그러나 못 먹는 사람 역시 있다고 했다.

먹는 사람을 사실 성경에는 '강한 자'라고 말을 한다.

그러나 그 음식 먹는 것을 다른 그리스도인이 보면서 "어, 어떻게 우상에게 절한 음식을 먹어?" 이러면서 마음에 실망과 좌절, 시험에 드는 형제가 옆에 있으면? 그 우상에게 바쳐진 음식은 먹지 않는 것이 낫다고 했다.

"모든 것이 가하나 모든 것이 유익한 것이 아니요"(고전 10:23)라는 성구가 이때 쓰였다.

우리 마음의 동기는 어디에 있는가

제사 지내러 친척 집에 가면 제사 지내는 음식이 우상에게 간다고 손도 꼼짝하지 않고, 제사상 올라가는 음식 만드는 다른 며느리들을 도와주지 않는 며느리가 과연 '복음의 통로'가 될 수 있을까?

아직 그 시댁에 구원이 임하지 않았다면 제사 지내는 명절날 "나는 교회 다니니 제사상에 올라가는 음식 만들 수 없어요!" 이러한 자기 신앙고백이 그들의 구원을 도와줄 수 없는 것이다.

음식 만들기 싫으면 설거지를 도맡아서 해야 하지 않겠는가?

제사드릴 때 절하는 그 시간에는 다른 것 해야 한다고 부엌에 가 있으면 되지 않은가?

우리가 부지런하지 않기 때문에, 믿지 않는 사람들은 배려를 하지 않아서 전도할 수 있는 사람들을 전도하지 못할 수 있다는 생각을 한다.

우리 기독교인들이 욕을 먹는 경우?

물론 복음 자체에 대한 거부감으로 무조건적인 핍박도 있지만 때로는 우리의 배려하지 못한 일 때문에 전도의 길이 막히기도 하는 것이다.

오늘의 말씀을 접목해 보자.

하나님의 말씀을 마땅히 지켜야 하는 상황에서 그것을 지키지 못할 때, 하나님은 우리 마음의 동기를 알고 계신다는 것이다.

우리는 이 땅에 살면서 우리에게 지키라고 한 모든 명령을 다 지킬 수 없다. 다만 지키고자 힘쓰면서 살아가는 것은 사실인데 그때에 참으로 감사한 것은 우리 하나님이 우리의 마음의 동기를 알고 계신다는 것이다. 그리고 이해하실 것은 이해해 주신다는 것이다.

"융통성의 대가이신 우리 하나님!"

1. 요즘은 전도하기가 매우 어렵다고 하는데 그 이유가 무엇인가?

2. 전도를 하다 보면 기독교에 대한 거부감을 이야기하는 경우가 있다. 그 이유를 물어본 적이 있는가? 어떠한 이유들이 있었는지 서로 나누어 보자.

3. 나는 어떠한 상황에서 하나님의 말씀을 지키기가 어려운가?
예) 회식자리, 선배들과 오티 갔을 때 벌어지는 술 자리
믿지 않는 가족들이 있는 데 십일조를 낼 때
남자친구가 지나친 스킨십을 요구할 때

4. '복음의 통로'가 되기 위하여 내 이웃이나 친척, 가족에게 배려해야 할 일들은 무엇인가?

암송구절

모든 것이 내게 가하나 다 유익한 것이 아니요 모든 것이 내게 가하나 내가 무엇에든지 얽매이지 아니하리라 (고린도전서 6:12)

"Everything is permissible for me"- but not everything is beneficial. "Everything is permissible for me" - but I will not be mastered by anything. (1 Corinthians 6:12, NIV)

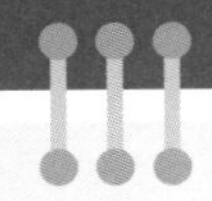

힘을 주는 묵상

주님, 오늘도 최고의 날입니다!
오늘 나눔을 통해 믿는 사람들의 선포에는
놀라운 능력이 있음을 믿습니다.
우리를 통해 선한 복음이 증거되게 하시고,
우리의 이웃이 축복을 받게 하시며,
그들의 걸음이 하나님께로 향할 수 있도록 우리를 사용하여 주옵소서.
특별히 예수님을 적당히 믿으면서 '그리스도인의 티'를 내기에
너무나 힘든 세대를 우리가 살아가고 있습니다.
탁월하게 지혜롭고, 거룩하고, 성결한 삶을 통하여
복음이 증거되는 귀한 역사가
나를 통해 나타났으면 좋겠습니다!

1. 요즘은 전도하기가 매우 어렵다고 하는데 그 이유가 무엇인가?

① 전도를 해보기도 전에 이미 '믿지 않을 것'이라는 생각을 먼저 한다.

② 전도할 때 성령의 역사하심을 기대하지 않는다.

③ 영혼 구원에 대한 강한 열망이 없이 형식적으로 전도한다.

전도를 할 때는 영혼 구원에 대한 강한 열망이 있어야 한다. 또한 충분한 기도와 성령의 역사를 기대하고 영혼 구원은 하나님이 가장 기뻐하시는 일임을 알고 영혼을 사랑하는 마음으로 해야 한다.

2. 전도를 하다 보면 기독교에 대한 거부감을 이야기하는 경우가 있다. 그 이유를 물어본 적이 있는가? 어떠한 이유들이 있었는지 서로 나누어 보자.

① 평일에 너무 바쁘게 직장 다니고, 공부하고, 아르바이트도 하는데 주말에는 쉬어야 한다.

② 교회에서 이것저것 너무 많은 일들을 시킨다.

③ 예수천당, 불신지옥처럼 너무 과격한 말로 전도를 한다.

④ 지나친 헌금을 강요할 때

⑤ 술, 담배, 오락, 제사 등을 하지 못하기 때문에

3. 나는 어떠한 상황에서 하나님의 말씀을 지키기가 어려운가?

예) 회식자리, 선배들과 오티 갔을 때 벌어지는 술 자리
믿지 않는 가족들이 있는 데 십일조를 낼 때
남자친구가 지나친 스킨십을 요구할 때

4. '복음의 통로'가 되기 위하여 내 이웃이나 친척, 가족에게 배려해야 할 일들은 무엇인가?

전도 대상자가 처해 있는 특수한 상황을 배려해야 한다. 교회를 다니다 상처를 받은 사람, 헌금 때문에 부담스러운 사람, 너무 바쁜 사람, 물질적으로 매우 어려운 사람, 이혼한 부모님을 둔 사람, 가정에서 상처를 많이 받은 사람 등 다양한 상황을 고려하여 먼저 친밀한 관계를 통해 복음을 지혜롭게 전해야 한다.

2장
왜 낙담하는가?

사무엘상 17:31-36

[31]어떤 사람이 다윗이 한 말을 듣고 그것을 사울에게 전하였으므로 사울이 다윗을 부른지라

[32]다윗이 사울에게 말하되 그로 말미암아 사람이 낙담하지 말 것이라 주의 종이 가서 저 블레셋 사람과 싸우리이다 하니

[33]사울이 다윗에게 이르되 네가 가서 저 블레셋 사람과 싸울 수 없으리니 너는 소년이요 그는 어려서부터 용사임이니라

[34]다윗이 사울에게 말하되 주의 종이 아버지의 양을 지킬 때에 사자나 곰이 와서 양 떼에서 새끼를 물어가면

[35]내가 따라가서 그것을 치고 그 입에서 새끼를 건져내었고 그것이 일어나 나를 해하고자 하면 내가 그 수염을 잡고 그것을 쳐죽였나이다

[36]주의 종이 사자와 곰도 쳤은즉 살아 계시는 하나님의 군대를 모욕한 이 할례 받지 않은 블레셋 사람이리이까 그가 그 짐승의 하나와 같이 되리이다

시작하며

우리는 날마다 새로운 소식들을 접하면서 살아가게 된다. 아침이면 들려오는 여러 가지 소식들이 있다. 내가 듣는 소식뿐만 아니라 나 자신도 아침이면 남들에게 들려주는 여러 가지 소식

들이 있다.

그 많은 소식들 중에 나를 '낙담하게 만드는 소식'이 있는가?

> 다윗이 사울에게 말하되 그로 말미암아 사람이 낙담하지 말 것이라
> 주의 종이 가서 저 블레셋 사람과 싸우리이다 하니 (삼상 17:32)

그로 말미암아 사람이 낙담하지 말 것이라
그로 말미암아, 그로 말미암아,
무엇으로 말미암아?
그로 말미암아,
무엇을 하지 말지니? '낙담하지 말지니!'

낙담이라는 말을 영어로는 'lose heart'라고 표현되어 있다. 다시 말하면, "마음을 잃지 말지니"로 해석할 수 있다. 그렇다면 마음을 잃어버리게 할 때가 언제인가?

자신에 대해 예상치 않았던 부정적인 말을 들을 때일 수도 있겠고, 일이 내 뜻대로 되지 않을 때일 수 있고, 누군가에게 실망했을 때일 수 있다. 좌절이 될 만한 소식을 전해 들었을 때일 수도 있고, 마음으로는 간절한데 그 마음처럼 하지 못한 것에

대해 책망될 때 역시 마음이 낙망될 것이다.

누군가 나에 대해 부정적인 말로 비난할 때 '너무 억울해!'라고 하면서 어떤 이가 나를 표현한 온갖 부정적인 말을 그대로 다른 이들에게 옮길 때 우리가 조심해야 하는 것이 있다.

듣는 사람들은 그 당시에는 "어쩌면 그럴 수 있어요?" 이렇게 공감해 줄 수도 있다. 하지만 그렇게 공감해 준 사람이 나랑 관계가 나빠지는 일이 생기고 나면, 되레 다른 이들에게 "어쩐지! 그런 말을 듣더라니, 억울하긴 뭐 억울해, 다른 사람이 한 말이 맞구먼!" 이렇게 말을 하게 될 수도 있기 때문이다.

그래서 내가 억울하게 들은 부정적인 이야기는 사실 다른 사람들에게 토로하기에도 조심스럽기 때문에 마음이 더더욱 낙담될 수도 있다.

사람이 한마디 부정적인 말을 듣고 그 부정적인 영향력을 지우려면 열 마디 긍정적인 말을 들어야 한다고 한다.

그러니 그리스도인들로서는 내가 어떤 부정적인 말을 들어도 나를 사랑하시며, 나를 인정하시며, 나를 도와주시겠다고 약속하신 하나님의 말씀들을 계속 읊조리면서 부정적인 감정을 밀어내는 지혜가 있어야 한다.

그로 말미암아, 어떤 일로 낙담이 되었든지 간에, 하나님의 생명이 되는 말씀을 의지함으로 마음을 잃는 일을 막아야 한다는 것이다.

상처, 복음의 통로가 되다

환난 날에 낙담하면 내 힘이 미약함을 보여 주는 것이라고 하였다(잠 24:10). 내가 낙담하면 내 힘이 약해지는 것이고 내가 약해지면 내 이웃들을 도와주는 것이 힘겨워진다. 그러니 이웃을 위해서도 나는 낙담하지 않아야 하는 것이다.

이 땅에 사는 사람치고 상처 없는 사람 있겠는가? 힐링이 필요하지 않은 사람이 과연 몇이나 될까?

누구나 할 것 없이 자라는 과정에서 여기저기 상처를 입고 자란다.

더 큰 상처와 좀 작은 상처의 차이는 있겠지만 어느 것이라 할지라도! 주님을 믿으면 모든 것은 '복음의 통로'로써의 도구가 되는 것이 아니겠는가?

그러니 참된 힐링이란 나의 상처가, 아픔이 온전하게 '복음의 통로'가 되는 그 순간이 아닐까 하는 생각을 하게 된다.

낙담될 만했던 모든 상황들도, 그래서 나에게 힐링이 필요할 수밖에 없었던 그 모든 상황들도 '복음의 통로'로 사용될 수 있기를 기도하는 '성숙한 태도'가 우리 모두에게 필요하다고 하겠다!

1. 요즘 나에게 낙담되는 일들이 있는가?
   예) 내 자신의 부족함 때문에, 친구 관계에서, 회사에서 동료 간에

2. 낙담되는 환경을 만났을 때 어떻게 해야 하는가?

3. "네가 만일 환난 날에 낙담하면 네 힘이 미약함을 보임이니라"(잠 24:10)고 말씀하셨다. 나의 힘의 미약함을 강하게 하기 위하여 나는 어떠한 일을 할 수 있는가?

4. 내 마음을 강하게 하는 데 도움이 되는 성경구절이 있는가?

5. 어려운 환경에 처한 이를 위해 그리스도 안에서 하나 된 지체들이 어떻게 도움을 줄 수 있을까?

암송구절

네가 만일 환난 날에 낙담하면 네 힘이 미약함을 보임이니라
(잠언 24:10)

If you falter in times of trouble, how small is your strength!
(Proverbs 24:10, NIV)

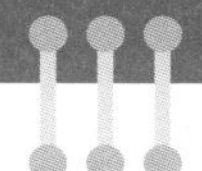

힘을 주는 묵상

주님, 오늘도 최고의 날입니다!
주위를 둘러보면 '그로 말미암아' 낙담하고 실망하여
삶의 의욕을 잃게 하는 일들이 즐비합니다.
그러나 우리는 낙담과 친하게 지내지 않기로! 절교하기로! 결심합니다.
오늘도 저희들에게 마땅히 선택할 것을
선택할 수 있는 능력을 주셨으니 감사합니다!
오늘도 우리 안에 독수리 날개 치며 올라가는
새 힘을 허락하시고 하나님이 주시는
평강의 열매를 날마다 맛보며 살아가게 하소서!

1. 요즘 나에게 낙담되는 일들이 있는가?

예) 내 자신의 부족함 때문에, 친구 관계에서, 회사에서 동료 간에

2. 낙담되는 환경을 만났을 때 어떻게 해야 하는가?

다윗은 사울이 골리앗으로 인하여 낙담하고 있을 때 사울에게 용기를 북돋워 주고 당당하게 여호와의 이름으로 골리앗을 죽이고 이스라엘에게 승리를 안겨 주었다. 하나님의 이름으로 기도하고 낙담되게 만드는 환경을 담대하게 이길 수 있도록 선포하며 나갈 때 하나님께서 강한 능력을 부어 주신다.

3. "네가 만일 환난 날에 낙담하면 네 힘이 미약함을 보임이니라"(잠 24:10)고 말씀하셨다. 나의 힘의 미약함을 강하게 하기 위하여 나는 어떠한 일을 할 수 있는가?

하나님을 신뢰하고 하나님께 먼저 나아가야 한다. 우리는 불확실하고 경쟁이 치열한 시대를 살면서 많은 사람들이 낙담하고 있다. 어떤 사람은 실직을 당해서, 사고의 여파로, 가정 문제, 심각한 질병, 외로움 때문에 낙담하는 사람들이 많다. 낙담과 실망은 우리가 매일 우리의 삶에서 겪는 것이다. 특히 성경의 많은 인물 중에 다윗은 낙담을 많이 겪은 인물이다.

사무엘하 7장을 보면 다윗은 사랑하는 하나님을 위해 성전을 짓고 싶어 했지만 하나님께서는 거절하셨다. 다윗은 이것 때문에 크게 낙담했을 것이다. 그럼에도 불구하고 다윗은 이 문제를 하나님 앞으로 먼저 들고 갔다(삼하 7:18). 그리고 하나님의 뜻을 겸허하게 받아들이고 어리고 연약한 아들을 위하여 성전 건축에 필요한 재료들을 철저히 준비해 놓는다. 예수님도 겟세마네 동산에서 기도하실 때 세 번을 간절히 기도하셨지만 결국은 "나의 원대로 마시옵고 아버지의 원대로 하옵소서"(막 14:36)라고 하나님의 선하신 뜻을 따른다.

우리의 삶에서 낙담되는 일을 만나거든 하나님의 나를 향한 더 좋은 계획이라는 것을 받아들이고 낙담과 실망을 버리고 믿음으로 나아갈 때 하나님은 더 크고 놀라운 비밀을 우리에게 나타내실 것이다.

4. 내 마음을 강하게 하는 데 도움이 되는 성경구절이 있는가?

내가 네게 명령한 것이 아니냐 강하고 담대하라 두려워하지 말며 놀라지 말라 네가 어디로 가든지 네 하나님 여호와가 너와 함께 하느니라 하시니라 (수 1:9)

여호와는 나의 힘과 나의 방패이시니 내 마음이 그를 의지하여 도움을 얻었도다 그러므로 내 마음이 크게 기뻐하며 내 노래로 그를 찬송하리로다 (시 28:7)

두려워하지 말라 내가 너와 함께 함이라 놀라지 말라 나는 네 하나님이 됨이라 내가 너를 굳세게 하리라 참으로 너를 도와 주리라 참으로 나의 의로운 오른손으로 너를 붙들리라 (사 41:10)

아무 것도 염려하지 말고 다만 모든 일에 기도와 간구로, 너희 구할 것을 감사함으로 하나님께 아뢰라 그리하면 모든 지각에 뛰어난 하나님의 평강이 그리스도 예수 안에서 너희 마음과 생각을 지키시리라 (빌 4:6-7)

5. 어려운 환경에 처한 이를 위해 그리스도 안에서 하나 된 지체들이 어떻게 도움을 줄 수 있을까?

예) 지체를 위해 기도해 준다.
힘이 되는 메시지를 보내 준다.
식사를 하며 친교를 나눈다.
중보기도팀을 만들어 서로 기도해 준다.

3장

내가 굳게 결심해야 할 것들

룻기 1:15-18

[15]나오미가 또 이르되 보라 네 동서는 그의 백성과 그의 신들에게로 돌아가나니 너도 너의 동서를 따라 돌아가라 하니
[16]룻이 이르되 내게 어머니를 떠나며 어머니를 따르지 말고 돌아가라 강권하지 마옵소서 어머니께서 가시는 곳에 나도 가고 어머니께서 머무시는 곳에서 나도 머물겠나이다 어머니의 백성이 나의 백성이 되고 어머니의 하나님이 나의 하나님이 되시리니
[17]어머니께서 죽으시는 곳에서 나도 죽어 거기 묻힐 것이라 만일 내가 죽는 일 외에 어머니를 떠나면 여호와께서 내게 벌을 내리시고 더 내리시기를 원하나이다 하는지라
[18]나오미가 룻이 자기와 함께 가기로 굳게 결심함을 보고 그에게 말하기를 그치니라

시작하며

그리스도인이라면 우리들의 삶에 추구해야 하는 '그리스도인의 성숙'이 있다. 그리스도인의 성숙이라는 것이 그리스도인이 되면 저절로 따라오는 것일까? 하나님이 우리에게 주신 '선

택의 능력과 결단'이 '그리스도인의 성숙'에 어떠한 영향을 미칠까?

> 나오미가 룻이 자기와 함께 가기로 굳게 결심함을 보고 그에게 말하기를 그치니라 (룻 1:18)

"굳게 결심함을 보고"라는 말씀!

어떤 일에 대하여 마음에 결심을 하는 것도 하나님의 은혜가 아닐 수 없다. 우리가 '은혜'로 사는 것이 당연한 진리이고 그리고 '자기 의'를 하나님이 무너뜨리게 하기 위하여 어떤 일은 내가 너무 잘하고 있다고 생각하는 부분이 확 허물어뜨림을 당할 때가 있다.

그러나 우리에게 결심을 내려야 하는 때 역시 하나님의 큰 은혜가 아닐 수 없는 것이다.

말씀을 읽고 묵상하면서 삶의 도전이 되는 말씀들을 만날 때 우리는 자신의 의지를 사용하여 '결단'을 내릴 수 있어야 한다는 것이다.

예를 들어, '너희가 음란과 정욕과 술취함과 방탕과 향락과 무법한 우상 숭배를 하여 이방인의 뜻을 따라 행한 것은 지나간 때로 족하도다'(벧전 4:3)라는 말씀으로 도전을 받았다고 하자. 그렇다면 계속된 음란과 정욕과 술취함과 방탕과 향락 가운데 '순전함과 형통함'의 복을 기대할 순 없다.

은혜는 거저 주는 것이다. 구원도 거저요, 용서도 거저요, 우리 삶에 거저 되는 것은 너무나 많다. 우리가 감히 값으로 지불할 수 없는 것들이기에 은혜로만 임할 수 있는 것들!

그러나 복이란 그냥 은혜로 주어지는 것이 아니다. 신명기에 복에 대한 말씀들은 다 우리가 '뭐 하면, 뭐 하면' 하는 조건이 붙어 있다. 우리 삶의 결심을 조건으로 하는 것이다.

은혜로만 살 것 같으면 성경에 왜 뭐 하라 뭐 하라 이런 명령들이 있겠는가!

우리 삶에 필요한 올바른 결심

게으른 것은 죄다!

게으르지 않겠다고 결심하고 부지런히 할 일을 찾아야 하는 것이다.

누군가 우울하여 의미 없이 보내는 하루?

누군가는 병원에서 그 하루를 더 살아보려고 안간힘을 쓰고 사투를 벌이기도 한다.

죽고 싶다?

죽을 용기 있으면 살 수 있을 것이다.

우리의 삶에 어쩌면 가장 필요한 '결심'이라는 것은 하지 않고 살기에 우리 인생이 더 피곤해지는지도 모르겠다.

신앙생활에 나약함, 무기력함, 열정 식음!

일단은 먼저 회개해야 하지 않을까? 그리고 결심을 해야 할 부분들에 대해 하나님의 은혜를 구해야 하지 않을까?

눈, 코, 입, 귀, 손, 발 모두 다 주님을 위해서 쓰라고 창조된 것이다. 주님의 시선이 함께 하기에 불편한 그림(?)들은 삼가고 눈으로 하나님을 기쁘게 하는 것들 보기로 결심하는 것이 어떨까?

입으로 마시는 것들? 하나님을 위하여 마시는 것들도 바꾸어 보는 결심 역시 필요한 것이다.

하나님이 나에게 주신 시간, 재능, 감정, 물질, 건강, 헛되게 쓰고 있는 것이 있다면 헛되이 쓰지 않고 하나님이 기뻐하시는 것으로 바꾸는 올바른 결심이 필요하다는 이야기이다.

1. 나에게는 '그리스도인으로서의 성숙'이 있는가?

2. 내가 그리스도인으로서 더 성숙해지기 위하여 결심해야 할 일들을 리스트로 작성한다면 어떻게 만들 수 있을까?

3. 내가 결심한 것들을 지키기 위해 기도를 부탁할 사람은 누구인가?
예) 목사님, 부모님, 리더, 친구

암송구절

네육체의 연단은 약간의 유익이 있으나 경건은 범사에 유익하니 금생과 내생에 약속이 있느니라 (디모데전서 4:8)

For physical training is of some value, but godliness has value for all things, holding promise for both the present life and the life to come.
(1 Timothy 4:8)

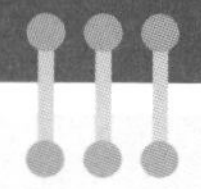
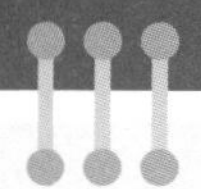

힘을 주는 묵상

주님, 오늘도 최고의 날입니다!
죄에 대하여 짜증과 분노를 느낄 줄 아는 변화된 모습과
그리스도인의 성숙한 모습으로 성장하기 위하여
새로운 결심을 다짐하는 은혜가 충만할 수 있도록 도와주세요!
주님 오실 날도 얼마 안 남았는데
이런저런 쓸데없는 세상일에 걱정 근심하는 것 멈추고
'오늘 어떻게 하면 주님을 더 사랑할까'
결심하는 그런 날이 되었으면 좋겠습니다!

1. 나에게는 '그리스도인으로서의 성숙'이 있는가?

그리스도인으로서 성숙한 사람은 하나님을 경험적으로 알고 그 안에서 하나님이 주시는 평안과 안정감을 누리고 사는 사람이다. 『그리스도인의 영적 성숙』의 저자 스티브 샴브린(Steve Shamblin)은 성숙한 사람의 특징을 네 가지로 정리했다.

첫째, 세상 것에 유혹받지 않고 아버지의 사랑으로 세상을 대하는 것이다. 둘째, 부르심을 특권으로 받아들이고 특정한 것을 포기할 줄 아는 겸손의 모습이다. 셋째, 하나님의 뜻을 알고 그분을 기다리며 찾는 방법을 안다는 것이다. 넷째, 하나님이 주신 사명을 완수하기 위해 선택받았음을 깨닫고, 그에 합당한 열매를 맺으며, 그 열매가 변하거나 부르심이 흔들리지 않는다.

2. 내가 그리스도인으로서 더 성숙해지기 위하여 결심해야 할 일들을 리스트로 작성한다면 어떻게 만들 수 있을까?

다음에 예시를 참고로 하여 나만의 '작성서'를 만들어 본다.

번호	작성서 목록
1	매일 묵상하기(글로 쓰는 묵상)
2	매일 기도 1시간
3	매일 성경 읽기
4	일일일선(하루에 한 가지씩 선한 일 하기)
5	절대 정직을 생활화하기
6	불평하지 않기
7	축복된 말하기
8	남을 비판하는 말 하지 않기
9	하루에 물이나 차를 여덟 잔씩 마시기
10	하루에 적어도 2시간 이상 공부하기

※ 내가 결정한 '작정서'를 잘 지키기 위해 누군가에게 나의 이 '작정서'를 점검해 달라고 말할 수 있는 사람을 정하면 훨씬 효율적이다.

3. 내가 결심한 것들을 지키기 위해 기도를 부탁할 사람은 누구인가?

예) 목사님, 부모님, 리더, 친구

4장
하나님은 당신의 뜻을 바꾸기도 하시는가?

사사기 10:10-16

[10]이스라엘 자손이 여호와께 부르짖어 이르되 우리가 우리 하나님을 버리고 바알들을 섬김으로 주께 범죄하였나이다 하니

[11]여호와께서 이스라엘 자손에게 이르시되 내가 애굽 사람과 아모리 사람과 암몬 자손과 블레셋 사람에게서 너희를 구원하지 아니하였느냐

[12]또 시돈 사람과 아말렉 사람과 마온 사람이 너희를 압제할 때에 너희가 내게 부르짖으므로 내가 너희를 그들의 손에서 구원하였거늘

[13]너희가 나를 버리고 다른 신들을 섬기니 그러므로 내가 다시는 너희를 구원하지 아니하리라

[14]가서 너희가 택한 신들에게 부르짖어 너희의 환난 때에 그들이 너희를 구원하게 하라 하신지라

[15]이스라엘 자손이 여호와께 여쭈되 우리가 범죄하였사오니 주께서 보시기에 좋은 대로 우리에게 행하시려니와 오직 주께 구하옵나니 오늘 우리를 건져내옵소서 하고

[16]자기 가운데에서 이방 신들을 제하여 버리고 여호와를 섬기매 여호와께서 이스라엘의 곤고로 말미암아 마음에 근심하시니라

시작하며

하나님은 하나님의 뜻을 바꾸시기도 하는가? 바꾸실 때는 왜 바꾸실까?

하나님이 뜻을 바꾸실 때 나의 반응은 어떠한가?

내가 처음 생각한 하나님의 뜻이 그대로 진행(?)되지 않았다고 하나님께 따지듯 그렇게 대드는 것이 나의 반응인가?

이렇게 변하여도 저렇게 변하여도 다 나를 위함이거니!! 믿고 그저 감사하는가?

하나님은 언제 뜻을 바꾸실까?

내게는 아이가 9명이 있다. 내 친딸은 막내딸 수진이 1명, 그리고 8명은 모두 아프리카 아이들이다. 내가 선교사로 케냐에 있었을 때 있었던 일이다.

가끔 수진이가 집에 혼자 있을 때 나는 수진이에게 점심을 외식하자고 제안할 때가 있다. 그때마다 수진이는 너무 좋아한다. 엄마랑 둘이서 점심 먹는 시간이 많지 않기 때문이다.

그런데 내가 수진이에게 점심 먹으러 가자고 했다가 갑자기 "수진아, 요즘 너의 옷을 보니 입을 만한 옷이 없더라. 네 옷부터 사야 할 것 같아. 엄마 마음이 바뀌었으니 우리 점심은 나중에 먹고 옷 사러 가자!"

이렇게 내가 말을 하자 내 딸 수진이가

"엄마! 엄마가 그러면 되나요? 나 보고 밥 먹으러 가자고 먼저 했잖아요! 그런데 왜 갑자기 지금 옷 사러 가자고 바꾸시는 거예요? 엄마가 그렇게 하신 말씀을 번복해도 되나요?"

이렇게 따지듯이 묻는다면 어떻겠는가?

내가 밥을 먹으러 가자고 하는 것도 내 딸을 위함이요, 옷을 사러 가자고 하는 것도 역시 내 딸을 위함이거늘 엄마의 마음을 알아주어야 할 딸이 "엄마가 말을 이렇게 했다 저렇게 했다 그러는 거예요?"라고 따지는 차원으로 대화를 한다면 이런 경우에는 '소통의 문제'가 분명히 있다.

하나님이 뜻을 바꾸실 때도 이와 같다. 그 방향이 어떠하든지 간에 역시 우리를 사랑하시는 것임을 깨닫는 것이 중요하다.

> 자기 가운데에서 이방 신들을 제하여 버리고 여호와를 섬기매 여호와께서 이스라엘의 곤고로 말미암아 마음에 근심하시니라 (삿 10:16)

이 말씀을 새번역 성경으로 다시 보면 이렇게 나와 있다.

> 그리고 그들이 자기들 가운데 있는 이방 신들을 제거하고 주님을

섬기니, 주님께서 이스라엘이 겪는 고통을 보고만 계실 수 없으셨다 (삿 10:16)

늘 하나님을 배반하던 이스라엘을 향해서 이제는 구원하지 않겠다고 선언하셨지만, 회개하는 이스라엘 백성들 앞에서 다시 근심하시는 하나님의 모습이 잘 나와 있다.

하나님은 뜻을 안 바꾸시는 것이 아니다! 하나님은 하신 말씀을 어기(?)시기도 하신다.

너희가 나를 버리고 다른 신들을 섬기니 그러므로 내가 다시는 너희를 구원하지 아니하리라 가서 너희가 택한 신들에게 부르짖어 너희의 환난 때에 그들이 너희를 구원하게 하라 하신지라 (삿 10:13-14)

하나님이 화가 나신 것처럼 보이지 않는가? 삐치신 것 같은 그런 느낌도 준다.

"너 그랬어? 알았어! 내가 너 돌봐 줘? 야! 이제는 끝이야! 너 이방 신들한테 그렇게 절 많이 하잖아! 가서 그들에게 도와 달라고 해! 내가 너희 하나님이니? 언제부터? 다른 신들 많다면서? 그들에게 가서 또 빌어봐! 도와 달라고! 너랑 나랑 끝이야! 다시는 너 도와주는가 봐라!"

사실 지금 이런 분위기이다. 하나님을 화나게 한 일들이 우리에게 한두 가지였을까?

그럴 때마다 "정말 얘를 도와줘? 말아? 너 이제 다시는…."

이런 생각이 들었을 법한 우리 하나님이실 텐데….

하나님 마음 바꾸시는가 안 바꾸시는가?

15절에 이스라엘 백성들이 무어라 하는가?

이스라엘 자손이 여호와께 여쭈되 우리가 범죄하였사오니 주께서 보시기에 좋은 대로 우리에게 행하시려니와 오직 주께 구하옵나니 오늘 우리를 건져내옵소서 하고

자기 가운데서 이방 신들을 제하여 버리고 여호와를 섬기매 여호와께서

이스라엘의 곤고로 말미암아 마음에 근심하였다고 한다.

위의 말씀이 영어로는 이렇게 나와 있다.

“And He could bear Israel’s misery no longer”

“더 이상 하나님은 그들의 곤고함을 볼 수 없으셨다!”는 뜻이다.

즉, 하나님은 마음을 바꾸셨다는 것이다.

“다시는 너 안 도와줄 거야!” 이렇게 하셨던 말씀을 바꾸셨다는 것이다.

하나님은 당신의 뜻을 바꾸시기도 하신다. 그분은 “나는 내가 한 말을 지킨다!” 하는 이 권위(?)보다도 우리를 사랑하시는 그 사랑에 자신의 권위조차도 양보해 주는 분인 것이다.

실로 놀라운 그분의 사랑 아닌가?

어른들은 때로 마음을 바꾸고 싶어도 자신이 했던 말에 대한 그 권위(?) 때문에 말을 바꾸지 않을 때가 있다.

그러나 하나님은 하나님이신데도 그 권위를 사랑 때문에 내려놓을 때가 있으신 것이다.

왜 사람들은 이러한 하나님의 사랑을 모르는 것일까!!

1. 하나님이 나를 정말 사랑한다고 생각될 때는 언제인가?

2. 하나님이 나를 다른 사람들보다 사랑하지 않는다고 생각한다면 그 이유는 무엇인가?

3. 나를 향하신 하나님의 사랑을 확신하는가? 혹시 확신하지 못한다면 확신할 수 있도록 어떠한 도움이 필요한가?
(주위 사람들에게 중보기도 요청, 좋은 간증 서적 읽기, 은혜로운 찬양 듣기 등)

암송구절

하나님이여 주의 생각이 내게 어찌 그리 보배로우신지요 그 수가 어찌 그리 많은지요 (시편 139:17)

How precious to me are your thoughts, O God! How vast is the sum of them! (Psalms 139:17, NIV)

힘을 주는 묵상

주님! 오늘도 최고의 날입니다!
주님이 저희들 '한 사람 한 사람'을 정말 사랑하시는 것을 잘 압니다.
그 사랑 때문에 인류를 휩쓸어 멸망시키고 싶을 때에도
참고 또 참으셨음을 압니다.
우리는 이제 세상 것 욕심내지 않고
싸우는 것 관심 갖지 않고 남 비판하는 것에 시간 보내지 않고
열심히 '복음의 통로'로 살겠습니다.
우리를 더욱 사랑하사 '당신의 뜻조차도 바꾸심'을 알기에
우리 하나님을 더더욱 사랑합니다!

1. 하나님이 나를 정말 사랑한다고 생각될 때는 언제인가?

① 내가 특별한 존재로 느껴질 때

② 기도 응답이 빨리 이루어질 때

③ 하나님의 수많은 말씀이 우리를 위로할 때

2. 하나님이 나를 다른 사람들보다 사랑하지 않는다고 생각한다면 그 이유는 무엇인가?

① 다른 사람들은 하는 일마다 잘되는데 나는 안 될 때

② 다른 사람들은 모두 건강한데 나는 자주 아플 때

③ 다른 사람들은 기도 응답도 빠르게 되는데 나는 기도 응답도 없고, 기도하는데도 평안이 없을 때

④ 내가 죄에 눌려 있을 때

3. 나를 향하신 하나님의 사랑을 확신하는가? 혹시 확신하지 못한다면 확신할 수 있도록 어떠한 도움이 필요한가?

(주위 사람들에게 중보기도 요청, 좋은 간증 서적 읽기, 은혜로운 찬양 듣기 등)

나를 만들기

5장

하나님은 징계를 좋아하시는가?

사무엘상 6:1-5

[1]여호와의 궤가 블레셋 사람들의 지방에 있은 지 일곱 달이라
[2]블레셋 사람들이 제사장들과 복술자들을 불러서 이르되 우리가 여호와의 궤를 어떻게 할까 그것을 어떻게 그 있던 곳으로 보낼 것인지 우리에게 가르치라
[3]그들이 이르되 이스라엘 신의 궤를 보내려거든 거저 보내지 말고 그에게 속건제를 드려야 할지니라 그리하면 병도 낫고 그의 손을 너희에게서 옮기지 아니하는 이유도 알리라 하니
[4]그들이 이르되 무엇으로 그에게 드릴 속건제를 삼을까 하니 이르되 블레셋 사람의 방백의 수효대로 금 독종 다섯과 금 쥐 다섯 마리라야 하리니 너희와 너희 통치자에게 내린 재앙이 같음이니라
[5]그러므로 너희는 너희의 독한 종기의 형상과 땅을 해롭게 하는 쥐의 형상을 만들어 이스라엘 신께 영광을 돌리라 그가 혹 그의 손을 너희와 너희의 신들과 너희 땅에서 가볍게 하실까 하노라

시작하며

'하나님!' 이렇게 이름을 부르면 어떤 생각이 가장 먼저 드는가? 그 이름을 부를 때 나의 느낌은 어떠한가? 무서운가? 어려운가? 솜사탕처럼 달콤한 그런 느낌인가?

하나님의 이름을 불렀을 때 처음 느끼는 감정이 따뜻하기보다는 '무섭다'는 생각이 먼저 든다면 그 하나님은 과연 '내가 마땅히 믿어야 하는 분'이 맞는가?

그들이 이르되 무엇으로 그에게 드릴 속건제를 삼을까 하니 이르되 블레셋 사람의 방백의 수효대로 금 독종 다섯과 금 쥐 다섯 마리라야 하리니 너희와 너희 통치자에게 내린 재앙이 같음이니라 (삼상 6:4)

재앙을 내렸던 하나님이라고 믿어졌기에 이들은 이 재앙을 벗어나고자 하나님께 무엇인가 바쳐야 한다는 생각을 했다.

벌을 내렸기에 그 벌을 면하려고 무엇인가 하나님께 드릴 생각을 한다면 복을 받은 사람은 얼마나 더 하나님께 감사의 마음을 표현하기 위해 드리고자 하고 싶은 마음이 있어야 하겠는가 그런 생각을 갖게 된다.

하나님에 대한 오해

사람들의 간증을 듣게 될 때 어떤 사람들은 신학 공부를 하기까지 혹은 어떤 재물의 일부를 얼마만큼 바치게 되기까지 하나님이 그들을 어떻게 '치셨다 혹은 맞았다'라는 그런 간증을 하는 것을 종종 듣는다.

자식을 치고, 재물을 치고, 건강을 치고, 그렇게 치셨기에, 정신 차리고 하나님께 돌아왔다 하는 그런 간증들…. 주의 길을 가지 않기로 했다가 자꾸 어떤 일이 계속 풀리지 않아 결국 신학교를 갔다.

주의 종 가는 길을 멈추려고 하다가 또? 하나님이 치실까 봐 겁이 나서 그만두지도 못한다는 간증을 들을 때면, 한쪽 마음이 갑갑해질 때도 있다.

하나님이 사람을 '주의 종'으로 부르는 방법이 정말로 그러할까? 그러한 방법들도 있겠지만 그것만이 주님이 '주의 종'을 부르는 방법은 아니다.

물질에 대한 것도 마찬가지 의문을 갖게 된다.

"금도 내 것이요 은도 내 것이요." 하시는 우리 하나님이 꼭 우리의 재물이 필요하신 걸까?

그래서 우리를 하나님의 어떠한 방법으로 쳐서 다시 하나님의 재물을 돌려받으시는 것일까?

나에게 상담하러 온 사람 중에 이런 고민을 가지고 있는 사람이 있었다. 어떤 목사님이 아내가 먼저 죽고 난 다음에 어느 자매에게 하나님이 당신과 내가 짝(?)이라고 해서, 그 자매에게 청혼을 하였는데 그 자매 나이가 목사님보다 한참 어리다고 한다.

자매가 결혼을 승낙하지 않자 목사님은 그 가정에 이 일로 인하여 죽는 사람이 생길 것이라고 좋지 않은 예언을 하자 어쩔 수 없이 자매는 집안의 좋지 않은 일을 피하기 위해 그 목사님하고 결혼을 했다는 것이다. 그리고 그 자매는 그것을 간증하면서 다닌다는 것이다.

나에게 누군가 그것이 정말 하나님의 뜻을 행한 것이 맞는지, 상담을 한 것이다.

하나님은 당신의 백성들이 '하나님이 나를 이렇게 쳐서 내가 하나님께 돌아왔어!'라는 간증을 할 때 어떤 마음이 드실까?

"그래, 내가 너한테 그렇게 했지. 그렇게 했고말고! 내 말 안 들으니까 너 그런 일 당한 거야. 다음에 또 그러면 알지? 이번엔 내가 너를 재정으로 쳤지만, 다음엔 건강으로 칠 거야. 알았지?"

이렇게 말씀하시는 분이 그대의 하나님으로 여겨지는가? 나는 사람들이 그렇게 하나님을 생각하고 믿게 된다면 하나님은 이렇게 말씀하실 것 같다.

"너 누구 이야기하는 거야? 너 내 이야기하는 것 맞아? 또 다른 하나님이 있는가 보구나?"

하나님을 잘 안다는 것은 무엇일까?

하나님에 대한 나의 생각들이 얼마만큼 '정확한 것'일까?

하나님은 절대 우리에게 재앙 내리는 것을 즐거워하는 분이 아니다. 혹여나 벌 받아서 돌아왔다 하면 그 벌 받는 과정 속에서 진심으로 하나님의 사랑을 알게 되어 나중에 그 벌 받은 것은 감사의 열매로 이어져야 할 것이다.

두려움과 공포 때문에 하나님을 믿는다면 그 사람은 하나님을 '올바로 만난 것'은 아니다.

벌 받는 것 때문에 이것도 바치고 저것도 바치는 것이 죄인들의 반응이라면 복을 받은 사람은 당연히 더 바치고 더 바쳐도 기쁨이 차고 넘쳐야 할 것이다.

주님을 잘 섬기는 것도 중요하지만 주님을 오해하지 않고 잘 아는 것은 더 중요하다.

1. '하나님!'이라고 부를 때 나에게 와닿는 첫 번째 느낌은 어떤 것인가?

2. 하나님에게 '벌을 받았다'라고 생각한 적이 있는가?

3. 하나님이 언제 두렵게 느껴지는가?

암송구절

사랑 안에 두려움이 없고 온전한 사랑이 두려움을 내쫓나니 두려움에는 형벌이 있음이라 두려워하는 자는 사랑 안에서 온전히 이루지 못하였느니라 (요한일서 4:18)

There is no fear in love. But perfect love drives out fear, because fear has to do with punishment. The one who fears is not made perfect in love.
(1 John 4:18, NIV)

힘을 주는 묵상

주님, 오늘도 최고의 날입니다!
우리가 '하나님!'이라고 부를 때 따뜻하고, 감사하고, 기쁘고,
행복한 마음이 우리 마음에 가득합니다.
하나님은 선하시고, 인자하시고, 긍휼이 많으신 분이십니다.
혹여나 우리가 잘못하여 징계를 받을지라도
그 징계로 말미암아 더 선하고 아름다운 열매가
맺힐 수 있음을 고백합니다.
하나님의 성품을 오해하지 않도록
주님께서 우리 가운데 생명력 있는 말씀과 은혜와 지혜를
더하여 주시기를 기도합니다!

1. '하나님!'이라고 부를 때 나에게 와닿는 첫 번째 느낌은 어떤 것인가?

다윗의 하나님은 '선하시고, 긍휼하심이 많은 분'이셨다. 그가 홀로 양을 치며 하나님의 이름을 부를 때 큰 위로와 힘을 주시고 사랑으로 돌보시는 분임을 충만히 경험한 것이다.

사도 바울이 만난 하나님은 '사명을 주시는 분'이시다. 다메섹 도상에서 부활하신 예수님을 만난 이후 부활의 주님, 생명의 주님, 구원의 주님을 증거 하는 이방인의 사도가 되었다.

사도 베드로도 예수님을 만난 이후 사람을 낚는 어부가 되었다.

이처럼 우리가 '하나님!'이라고 부를 때 우리를 기쁘게 만나 주시는 우리 하나님은 선하시고, 긍휼하시고, 인자가 많으시며 소명을 주시는 하나님이시다.

2. 하나님에게 '벌을 받았다'라고 생각한 적이 있는가?

하나님께서 우리에게 어떻게 벌을 주시는가? 우리가 술을 마실 때 '저 아들 벌 줘야지!' 하고 지켜보고 계시겠는가? 아니다. 하나님은 '저렇게 술 마시고 운전하면 사고 나기 쉬운데 어쩌지?' 하시며 아버지의 마음으로 걱정부터 하실 분이다. 하나님 앞에서 어떠한 신앙의 태도를 갖는가 하는 것이 우리에게 달려 있다.

다윗은 신하 우리아가 전장에 출정해 있는 동안 그의 아내 밧세바를 통간하므로 아이를 낳았지만 하나님이 치시므로 그 아이가 죽었다(삼하 12:15-18). 다윗은 하나님께 벌을 받았다고 당시에는 생각했겠지만 훗날 솔로몬을 낳고 하나님의 큰 섭리를 깨닫게 되었다. 이처럼 하나님은 언제나 우리에게 선하시다. 당장은 징계가 아파 보여도 하나님의 큰 뜻을 깨닫게 되면 기쁨이 온다.

3. 하나님이 언제 두렵게 느껴지는가?

우리는 죄를 지을 때 하나님을 두렵고 무서워한다. 아담은 하나님과의 약속을 깨고 선악과를 따 먹었을 때 하나님의 얼굴을 피하였다. 가인은 동생 아벨을 죽이는 죄를 범했고, 나답과 아비후는 하나님 앞에서 다른 불을 담아 분향하다가 죽었다. 아나니아와 삽비라는 성령을 속인 죄로 죽음을 면치 못했다. 이처럼 하나님 앞에서 죄는 무

서운 것이다.

따라서 우리는 날마다 죄를 분별할 수 있는 지혜를 달라고 기도해야 한다. 이 세상에서 지은 모든 죄를 주님 앞에서 고백하고 진심으로 회개해야 한다. 그리고 귀한 피를 흘려 내 죄를 대신 사해 주신 예수님을 생각하면 언제든 자신 있게 그 앞에 나아갈 수 있다. 이것이 진정 기쁜 소식이다. 그래서 복음(Good News)이라고 한다. 무서운 하나님에서 좋으신 하나님, 인자하신 하나님을 내 삶에서 늘 경험하고 고백하는 삶이 아름다운 삶이다.

6장

이 세대는 어떤 리더를 원하는가?

사사기 3:31

[31]에훗 후에는 아낫의 아들 삼갈이 있어 소 모는 막대기로 블레셋 사람 육백 명을 죽였고 그도 이스라엘을 구원하였더라

시작하며

어느 해인가 '유스 코스타'를 다녀온 적이 있다. 코스타 집회 기간은 3박 4일로 두 번째 날과 세 번째 날 저녁 설교를 맡게 되었다. 집회가 시작된 첫날, 아이들의 얼굴은 매우 어두웠고 아예 은혜를 받지 않기로 작정한 것 같았다.

왜 아이들의 얼굴 표정이 이렇게 어두울까? 보통 저녁 설교 시간에 마음 문을 열고 은혜를 받기로 준비되어 있어야 하는 상황임에도 불구하고 아이들의 얼굴 표정은 어둡기만 했다. 나는 성령님께 간구했다.

"주님! 아이들이 왜 이럴까요? 이유가 무엇일까요? 무엇이 이 아이들로 하여금 아예 은혜를 받지 않기로 작정한 듯한 그런 표정을 갖게 한 것일까요?"

그때 성령님이 마음에 이런 답을 주셨다.

"그것은 아이들의 잘못이 아니란다. 어른들의 잘못이야. 어른들이 '본'을 잘못 보였기 때문이란다. 어른들이 잘못을 빌어야 한다."

아이들이 신앙생활을 잘할 수 없게 만든 죄를 빌어야 한다는 것이다.

"'본이 되지 못한 삶'을 살지 못한 것에 대한 용서를 구해야 한다."

그러면서 성령님은 어떻게 어른들이 아이들에게 용서를 구해야 하는지 그 인도 방법을 이야기해 주셨다.

어른들을 설교 시간 전에 모두 앞으로 나오게 하고 아이들 앞에서 무릎을 꿇게 하라는 것이다. 그리고 아이들에게 잘못을 빌게 하라는 것이다.

"우리가 어른들로서 올바른 신앙의 본보기를 보여 주지 못한 것을 용서해 주렴!"

그렇게 어른들이 용서를 빌면 아이들을 앞으로 나오게 해서 어른들의 어깨에 손을 얹고

"괜찮아요! 우리가 용서할게요. 우리를 염려하지 마세요! 우리가 잘할게요!" 이런 말을 하게 하라는 것이다.

어른들이 과연 나올까? 하는 생각이 들었지만 그날 설교하기 전에 순종하는 마음으로 주님께 기도하면서 받은 마음을 그대로 전달했다.

나의 우려와는 달리 어른들은 모두 앞으로 나와 주었다. 교역자들, 주일학교 교사들, 코스타 강사들, 부모님들 말고도 다른 어른들 모두 앞으로 나와 주었다. 그리고 무릎을 꿇고 아이들에게 사죄를 했다.

어른들도 울고, 어른들의 어깨에 손을 얹었던 아이들도 울고 우리 모두는 울고 또 울었다.

나중에 그 교회에서 어떤 일이 있었는지 알게 되었다. 그 교회의 장로님들과 목사님이 멱살을 잡고 싸워서, 아이들이 그 모

습을 보고 모두 상처를 받았던 상황이었다. 교회에서 아이들이 무엇을 보고 자라는가 하는 것이 그들의 신앙생활에 영향을 미치지 않을 수 없는 것이다.

하나님이 쓰시는 리더

> 에훗 후에는 아낫의 아들 삼갈이 있어 소 모는 막대기로 블레셋 사람 육백 명을 죽였고 그도 이스라엘을 구원하였더라 (삿 3:31)

이 본문 말씀을 보면서 아무리 세대가 힘들고, 험악해도, 악이 만연하고 선이 사라진 것처럼 보여도, 그래도 그 시대에 쓰임 받는 리더가 있다는 생각이 든다. 에훗도, 아낫의 아들이라는 삼갈도 그렇게 우리 귀에 익숙한 리더들의 이름은 아니다. 그러나 '그도!'라는 말처럼 이스라엘이 힘들었을 때 이스라엘을 도와주신 하나님이 사용하시는 리더들의 이름이었던 것이다.

사사시대는 전쟁이 많았으니 용장이 필요했던 시대였다. 다들 힘이 센 장군들의 모습이 그들이 한 일과 함께 쓰여 있다. 누구를 어떻게 죽였는지, 몇 명을 죽였는지, 무엇으로 죽였는지 등.

그렇다면 이 시대에 하나님은 어떤 리더를 들어서 쓰고 싶으실까? 전쟁이 아닌 지금 이 시대에 하나님은 어떤 리더를 사용하고 싶으실까?

돈이 많은 리더?

많이 배운 리더?

외모가 중요한 시대이니 외모가 출중한 리더?

몸짱 리더?

영성이 짱인 리더?

말 잘하는 리더?

과연 어떤 리더일까? 요즘 우리 세대가 원하는 리더는 과연 어떤 리더일까?

"내가 주 예수를 본받듯이 그대도 나를 본받으시오!"라는 바울과 같은 고백을 하는 그런 리더가 아닐까 한다.

디모데전서 4장 12절에 '네 연소함을 업신여기지 못하게 하고 오직 말과 행실과 사랑과 믿음과 정절에 있어서 믿는 자에게 본이 되어'라고 말씀하신다.

리더라고 한다면 "업신여김을 받지 않아야 함"이 당연하다. 성경은 본을 보이는 사람들은 누구에게도 업신여김 받지 않을 것이라고 한다.

우리가 이 세대에 바라는 리더상은 '삶의 본보기'가 되어 주는 리더가 아닐까 한다.

말에 본이 되어 주는 리더 : 거짓말하지 않고 더러운 말 하지 않고 누추한 말 하지 않고 음란한 말 하지 않는 리더!

행실에 본이 되어 주는 리더 : 보고 따라가도 불안하지 않도록 일반 상식을 잘 지켜 주는 리더!

사랑에 본이 되어 주는 리더 : 사랑은 허다한 허물을 덮어 준다 했으니 허다한 허물을 덮어 주는 리더!

믿음에 본이 되어 주는 리더 : 어려운 상황에서도 믿음을 지켜 가는 본을 보여 주는 리더!

정절에 본이 되어 주는 리더 : 그리스도의 신부처럼 주님의 재림을 깨끗함과 거룩함으로 기다리며 살아가는 리더!

바울 사도처럼 "내가 주 예수 그리스도를 본받듯이 너도 나를 본받으라!"라고 자신 있게 말해 주는 리더가 바로 우리가 바라는 이 시대의 참된 리더가 아닌가 한다!

1. 당신이 생각하는 영적 리더십이란 무엇인가?

2. 존경하는 리더가 있다면 그 이유는 무엇인가?

3. 리더가 꼭 갖추어야 할 성품은 무엇이라 생각하는가?

암송구절

누구든지 네 연소함을 업신여기지 못하게 하고 오직 말과 행실과 사랑과 믿음과 정절에 있어서 믿는 자에게 본이 되어
(디모데전서 4:12)

Don't let anyone look down on you because you are young, but set an example for the believers in speech, in life, in love, in faith and in purity.
(1 Timothy 4:12, NIV)

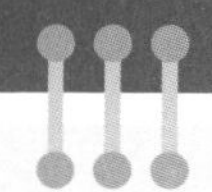

힘을 주는 묵상

주님, 오늘도 최고의 날입니다!
우리들이 바라볼 수 있는 '최고의 리더'는
우리 예수님이시기에 감사합니다!
그러한 '예수 그리스도'가 우리 안에 있습니다.
'그 안에 내가, 내 안에 그가' 있습니다.
이 시대가 원하는 '올바른 리더, 본이 되는 리더'로
오늘도 살아갈 수 있도록 마음에 동기를 주시고,
도전을 주시고 힘을 주셔서 감사합니다!
오늘도 "그 안에 내가! 내 안에 그가!"

1. 당신이 생각하는 영적 리더십이란 무엇인가?

헨리 블랙 커비(HENRY T. BLACKABY)는 『영적 리더십』에서 영적 리더가 성공하기 위해 반드시 이해하고 숙지해야 할 내용을 세 가지로 정리했다.

첫째, 영적 리더는 사람들을 움직여 현재의 자리에서 하나님이 원하시는 자리로 가게 한다. 이것이 영향력이다.
둘째, 영적 리더는 성령께 의존한다. 리더는 사람들 안에 영적 변화를 일으킬 수 없지만 성령께서는 그렇게 하실 수 있다.
셋째, 영적 리더가 자신과 자기 조직을 향한 하나님의 뜻을 깨닫고 사람들을 움직여 자신의 계획을 버리고 하나님의 계획을 따르게 하는 것이다.

여호수아는 그가 사는 동안 사람들을 하나님께로 이끄는 일에 앞장선 영적 리더였다. 우리도 여호수아처럼 이웃에게 하나님을 잘 섬기는 데 도움이 되는 사람이어야 한다. 주님을 사랑하면서, 주님을 묵상하면서 우리가 어떻게 해야 이웃에게 영향력 있는 사람이 될지 고민해야 한다. 그러므로 주님을 기쁘게 하는 사람이 되어야 한다.

2. 존경하는 리더가 있다면 그 이유는 무엇인가?

헨리 블랙 커비는 따르고 싶은 리더를 다음과 같이 정의하였다.
① 하나님의 손길이 보이는 리더
② 하나님을 깊이 만난 후 삶이 바뀐 리더
③ 온전하고 정직한 리더
④ 작더라도 성공을 경험한 리더
⑤ 준비된 리더
⑥ 겸손한 리더
⑦ 용기 있는 리더

3. 리더가 꼭 갖추어야 할 성품은 무엇이라 생각하는가?

① 리더는 반드시 하나님 앞에 기도해야 한다.
② 리더는 매사에 최선을 다해야 한다.
③ 리더는 모든 일에 열린 마음으로 소통이 이루어져야 한다.
④ 리더는 섬김이 기본이다.
⑤ 리더는 긍정적인 마인드를 가져야 한다.
⑥ 리더는 사람들을 격려하고 세워 줄 수 있어야 한다.

7장

죽을 길 앞에서도 살리시는 하나님의 배려!

여호수아 20:1-4

[1]여호와께서 여호수아에게 말씀하여 이르시되
[2]이스라엘 자손에게 말하여 이르기를 내가 모세를 통하여 너희에게 말한 도피성들을 너희를 위해 정하여
[3]부지중에 실수로 사람을 죽인 자를 그리로 도망하게 하라 이는 너희를 위해 피의 보복자를 피할 곳이니라
[4]이 성읍들 중의 하나에 도피하는 자는 그 성읍에 들어가는 문 어귀에 서서 그 성읍의 장로들의 귀에 자기의 사건을 말할 것이요 그들은 그를 성읍에 받아들여 한 곳을 주어 자기들 중에 거주하게 하고

시작하며

도피라고 하는 것, 어떠한 상황을 우리가 경험하게 될 때 우리는 '도망' 가고 싶어지는가? 두려움이 있을 때 우리는 도망가고 싶어지지 않는가? 죄를 지으면 벌을 받을까 봐 우리는 도망가고 싶어질 것이고 부끄러운 일을 했을 때 역시 도망가고 싶어

질 것이다.

마주치고 싶지 않은 사람이 내 앞으로 걸어오면 역시 우리는 도망가고 싶어진다. 사랑했던 사람이랑 헤어진 아픔이 있는데 그 아픔을 준 사람이 내 앞을 지나간다면 역시 나는 도망가고 싶어질 것이다.

만약 돈을 빚졌는데 아직 그 돈을 갚을 능력이 없다면, 역시 도망가고 싶어진다.

숙제를 하지 않은 학생 역시 선생님 앞에서 도망가고 싶어진다. 마땅히 해야 할 책임을 하지 않았기 때문인 것이다.

이와 같이 우리 삶에는 참으로 다양한 이유로 어디론가 도망가고 싶을 때가 있다. 이러한 다양한 상황 중에서 목숨을 잃을 수 있기에 도망가야 하는 상황은 가장 절박할 것이다.

도피성의 역할

이 성읍들 중의 하나에 도피하는 자는 그 성읍에 들어가는 문 어귀에서서 그 성읍의 장로들의 귀에 자기의 사건을 말할 것이이요 그들은 그를 성읍에 받아들여 한 곳을 주어 자기들 중에 거주하게 하고 (민 20:4)

도피성을 따로 만들게 하신 하나님의 세심한 배려를 여호수아 20장을 묵상하면 알 수 있다.

도피성, 도망하여 피하는 곳,

사람을 죽였는데도 안전한 곳이 있다니?

부지중에 실수로 사람을 죽인 자가 보복자의 분노를 벗어날 수 있도록 만들어 놓은 곳이 '도피성'이다. 이런 도피성이 없다면 그 사람은 보복자의 원수를 갚음으로 인하여 죽을 수밖에 없는데 그 상황에서 '도피'할 곳이 있다는 것이다.

그러니, 우리 하나님은 실로 우리 모두의 연약함을 이해하시고 죽을 수밖에 없는 상황에서도 피할 길을 주시는 하나님이라는 생각을 하게 된다.

어려운 일을 만났는데, 무조건 견뎌라, 견뎌라 그러면서 나몰라라 내동댕이쳐 놓으시는 하나님이 아니다. 우리가 감당치 못할 시험을 허락지 않으시고 또한 감당치 못할 것 같으면 피할 길을 주시는 하나님이시다.

도피성으로 온 도망자에게 그 성읍들의 장로가 했어야 했던 일들은 무엇인가?

"장로들의 귀에 자기의 사건을 말할 것이요" 이렇게 기록되어 있으니 장로들이 했던 일은 일단 '듣는 일'이었다.

땅을 주어 살게 한 것은 다음 단계이고 일단은 그 도망자의 이야기를 들어 주는 것이 도피성에 있던 장로들의 일이었다.

나의 사역 중 하나는 사람들을 만나 상담을 해주는 일이다. 상담의 종류는 참으로 다양하다. 상담 받으러 오는 많은 내담자들은 보통 이렇게 말한다.

"누구한테 말을 해야 할지 몰라서 참 답답할 때가 많아요. 교회 목사님은 깊은 마음의 이야기들을 쉽게 나눌 수가 없어요. 그리고 사역자님들은 하나같이 너무 다 바빠요. 그래서 이야기를 나누는 것이 쉽지 않아요."

힘들어 하는 많은 사람들을 보면, 꼭 무슨 해결책을 원해서가 아니라, 누군가 그 사람들의 마음을 이해하려고 귀를 쫑긋 세우는 시간, 그 시간을 원하는 것이다.

그 누군가의 이야기를 '들어 줌'이 곧 도피성의 첫 단계의 일이구나 하는 것을 깨닫게 된다.

1. 내가 도피하고 싶은 상황이 있다면 어떠한 상황인지 나누어 보자.

예) 직장에서 상사로 인해 스트레스를 많이 받을 때
주어진 과제를 완수하지 못했을 때
두려운 상황을 만났을 때

2. 내가 도피성으로 여기고 다가가서 내 이야기를 하고 싶은 사람이 있는가?

예) 부모님, 목사님, 사모님, 친구, 선배, 교회의 형제, 자매들

3. 오늘 나는 누군가의 '도피성'이 되어 줄 수 있는가?

암송구절

사람이 감당할 시험 밖에는 너희가 당한 것이 없나니 오직 하나님은 미쁘사 너희가 감당하지 못할 시험 당함을 허락하지 아니하시고 시험 당할 즈음에 또한 피할 길을 내사 너희로 능히 감당하게 하시느니라 (고린도전서 10:13)

No temptation has seized you except what is common to man. And God is faithful; he will not let you be tempted beyond what you can bear. But when you are tempted, he will also provide a way out so that you can stand up under it. (1 Corinthians 10:13, NIV)

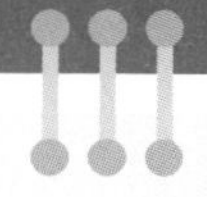
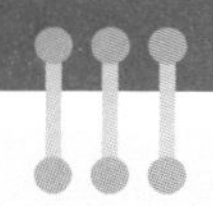

힘을 주는 묵상

주님, 오늘도 최고의 날입니다!
우리 모두의 어려움을 누구보다 잘 아시고
우리 모두의 이야기를 누구보다 잘 들어 주시는 하나님!
하나님께 기도로 나가는 그 자체가 벌써 '도피성'인 것을 감사드립니다.
우리 주님은 우리의 이야기를 마음껏 들어 주시니까요!
우리를 정죄하지 않으시고 일단 들어 주시니까요!
목숨을 부지할 수 있도록 '도피성'을 준비해 두신
하나님이 그 어느 상황인들 '도피성'을 준비해 두지 않으셨겠습니까!
주님의 헤아릴 수 없는 깊은 배려를 감사드립니다!

1. 내가 도피하고 싶은 상황이 있다면 어떠한 상황인지 나누어 보자.

예) 직장에서 상사로 인해 스트레스를 많이 받을 때
주어진 과제를 완수하지 못했을 때
두려운 상황을 만났을 때

인생을 살다 보면 사망이나, 환난이나, 핍박, 곤고 등 많은 일들로부터 도망치고 싶은 두려운 상황을 만날 때가 많다. 그럴 때 예수님은 우리의 사랑의 도피처, 위로의 도피처가 되어 주신다. 모든 상황에서 우리를 넉넉하게 이기게 하시는 하나님의 사랑을 생각하고 묵상해 보자.

2. 내가 도피성으로 여기고 다가가서 내 이야기를 하고 싶은 사람이 있는가?

예) 부모님, 목사님, 사모님, 친구, 선배, 교회의 형제, 자매들

여호사밧 왕의 도피성은 하나님이셨다. 그는 하나님을 신뢰함으로써 견고하게 상황을 이겨 나갔다. 하나님께서는 항상 우리를 달래 주시고, 위로해 주시고, 격려해 주시고, 힘 주시고, 우리의 기도를 듣고 속히 응답해 주시는 선한 분이시다. 하나님은 우리가 도피하고 싶은 상황을 잘 아시고 큰 위로와 함께 튼튼한 도피성이 되어 주실 것이다.

3. 오늘 나는 누군가의 '도피성'이 되어 줄 수 있는가?

너무나 답답한 상황! 말이 안 되는 상황을 만나 어떻게 해야 할지 모르는 사람들이 주변에 종종 있다. 그럴 때 조용히 다가가 힘이 되어 주는 그대가 멋져 보인다!

내가 아는 형제의 이야기다. 춘천에서 대학을 다니는 형제가 급하게 연락을 해왔다. 형이 교통사고를 당해 머리에서 많은 피를 흘려 의식이 없고, 척추 쪽을 다쳤는데 얼마나 다쳤는지 알 수 없다고 간절히 중보기도를 요청했다. 남편을 일찍 여의고 아들들을 의지하며 살아왔던 엄마는 이 소식에 충격을 받아 의식을 잃었다. 마침 단기선

교를 준비하며 매일 기도모임을 하던 교회 청년부 지체들은 오직 이 형제의 형이 빨리 정상적으로 회복되기를, 두려움이 아니라 침착함과 하나님을 온전히 신뢰하는 마음을 가질 수 있도록 늦은 밤까지 중보기도를 해주었다. 다행히 다음 날 새벽 형은 의식이 돌아왔고, 머리에 피도 멈추었다.

그대는 중보기도를 통해 누군가의 '도피성'이 되어 줄 수 있다.

그대가 누군가의 도피성이 되어 주겠다고 생각하는 순간 하나님은 그대에게 필요한 지혜와 용기, 담대함을 허락해 주실 것이다.

죄와 싸우기

8장

영적 전투, 어떻게 이길 것인가?

시편 17:8-15

[8]나를 눈동자 같이 지키시고 주의 날개 그늘 아래에 감추사
[9]내 앞에서 나를 압제하는 악인들과 나의 목숨을 노리는 원수들에게서 벗어나게 하소서
[10]그들의 마음은 기름에 잠겼으며 그들의 입은 교만하게 말하나이다
[11]이제 우리가 걸어가는 것을 그들이 에워싸서 노려보고 땅에 넘어뜨리려 하나이다
[12]그는 그 움킨 것을 찢으려 하는 사자 같으며 은밀한 곳에 엎드린 젊은 사자 같으니이다
[13]여호와여 일어나 그를 대항하여 넘어뜨리시고 주의 칼로 악인에게서 나의 영혼을 구원하소서
[14]여호와여 이 세상에 살아 있는 동안 그들의 분깃을 받은 사람들에게서 주의 손으로 나를 구하소서 그들은 주의 재물로 배를 채우고 자녀로 만족하고 그들의 남은 산업을 그들의 어린 아이들에게 물려 주는 자니이다
[15]나는 의로운 중에 주의 얼굴을 뵈오리니 깰 때에 주의 형상으로 만족하리이다

시작하며

상상이 되는가, 움켜쥔 것을 찢으려 하는 사자같이 나에게 다가오는 사자의 모습이?

상상이 되는가, 은밀한 곳에 엎드린 젊은 사자의 매서운 눈

매가?

상상이 되는가, 우는 사자같이 삼킬 자를 찾는다는 마귀의 모습이?

우리는 매일 영적 전쟁을 하고 있다.

하나님을 더 잘 믿으려고 하고 더 열심히 봉사하려고 하고 더 헌신하려고 하면? 마귀들이 우리를 가만둘 리가 없는 것이다. 공격 1번 대상들이 되는 것이다. 그러니 무엇으로인들 다가오지 않겠는가!

일단 자기 마음이 우울해진다! 처진다! 기운 없다! 실망된다! 좌절된다! 포기하고 싶다! 누가 섭섭하다! 이러면? 마귀의 1차 공격 시작된 것이다. 그때 '대적 기도' 안 하고 멍하니, 정신 놓고 있으면 점점 더 마귀는 기세를 강화한다.

대적기도는 다른 것이 아니다. "나사렛 예수의 이름으로 명하노니 어떠어떠한 나쁜 영들은 나에게서 떠나갈지어다!"라고 선포하는 기도다.

시편 17편 12절 말씀에 "그는 그 움킨 것을 찢으려 하는 사자 같으며 은밀한 곳에 엎드린 젊은 사자 같으니이다"라고 쓰여 있다. 이미 움켜쥐었다는 것이다. 그리고 찢으려고 한다는 것이다. 우리들이 무엇을 조심해야 하는가? 이렇게 움켜쥠 당하기 전에 미리미리 움켜쥘 만한 빌미거리를 주지 말아야 한다. 그런데 이미 움켜쥠 당했구나! 싶으면? 대적기도 하고 중보기도 부탁하고 어찌하든지 그 움켜쥠에서 벗어나야 하는 것이다.

그렇지 않으면? 결국은 갈기갈기 이래저래 찢어지게 되는 것이다. 감정도 찢어지고, 관계도 찢어지고, 재정도 찢어지고….

영적 전쟁에서의 승리를 위해

우리는 영적 전쟁에서 승리할 수 있을 것인가?

> 이같이 이스라엘 자손이 그 조상의 가문을 따라 이십 세 이상으로 싸움에 나갈 만한 이스라엘 자손이 다 계수되었으니 계수된 자의 총계는 육십만 삼천오백오십 명이었더라 (민 1:45-46)

민수기 1장을 보면, 20세 이상 싸움에 나갈 만한 자손이 계수된다. 전쟁에 나아갈 때 싸울 수 있는 군사들의 숫자! 그러니 싸움에 나아갈 수 있는 사람이 있고 싸움에 나아갈 수 없는 사람이 있었다는 이야기가 된다. 어린아이들이나, 나이든 자들은 빠져 있었을 것이다.

싸움에 나아갈 수 있는 사람들, 그렇지 못한 사람들, 우리는 그리스도인들로서 영적 전쟁을 항상 하게 되어 있다. 전쟁이 있으면? 적이 있고! 아군이 있고! 지원병 있고! 아전병 있고! 전쟁터가 있고! 전쟁에 쓸 무기가 필요하고! 전쟁터에 나아갈 군사가 많이 있다 해도 그 군사들에게 무기가 없다면? 오합지졸이 될 수도 있는 것이다.

무기들 중에도 강력무기가 있고 조금 덜 효과가 있는 무기가 있을 법도 하다. 우리에게 있어 영적 전쟁터는 마음이라고 생각한다. 마음에서 여러 가지 전쟁이 항상 일어나게 되어 있으니 말이다. 그렇다면 우리의 영적 전쟁의 적은? 물론 적장은 마귀가 되는데 그 마귀가 거느리는 부하들이 있다. 부하들의 이름은 다양하다.

질투, 시기, 미움, 수군거리는 것, 울분, 짜증, 원망, 불평, 음욕, 방탕, 음탕, 비판, 중독성… 우리들의 대장군 이름도 있을 것이다. 예수 그리스도! 내 인생에서 영적 전쟁이 나면 무기로 사용되어서 전쟁에 나아갈 수 있는 것이 있겠고, 그렇지 못한 것이 있을 수도 있을 것이다.

욱하는 성격? 짜증 자주 내는 성격? 남 비판 열심히 하는 혀? 이런 것은 아무짝에도 쓸모없는 무기들이 될 것이다.

아니 나를 위한 무기가 아니라 자폭하게 만드는 무기가 될 수도 있을 것이다. 아군 안에 있어 아군인 줄 알았지만 결국은 적군 편인, 그래서 스파이 노릇 한다든지, 내게 있는 모든 기밀을 다 갖고 적군에게 가서 일러 준다든지 하는 것들 말이다. 그렇다면 어떤 것들이 내 영적 전쟁에 나를 위해 쓰여질 강력한 무기가 될 수 있을까?

평소에 쌓아 둔 묵상의 훈련이 있다면 이것은 당연히 강력한 무기가 될 것이고, 평소에 꾸준하게 쌓아 둔 기도의 시간들! 역시 강력한 무기가 될 것이고! 중보기도 부탁해 놓고 중보기도 해주는 사람들 많으면 많을수록 지원군 확보 충분하게 해놓은 것이 될 것이고, 그리고 거룩한 삶! 자체는 모두 다 발산하는 빛이 되는 강력한 영적 무기가 될 것이다.

그중 '순결'에 대한 것도 생각해 보게 된다. 몸으로나 마음으로나 '순결'한 사람들! 생각이 청결한 사람들! 몸을 함부로 육신의 정욕에 맡기지 않는 사람들! 눈을 잘 보호하여 쓸데없이 더럽고 추하고 악한 것들을 보지 않는 사람들! 말을 잘 절제하여 하나님 기뻐하지 않는 말들 안 하는 사람들! 입맛을 잘 절제하여 하나님 원치 않는 음식들이나 음료수는 목구멍으로 넣지 않는 사람들, 이렇게 삶에 '순결'과 '절제'의 열매가 많은 사람들….
다 영적 전쟁에 강력한 무기들을 갖고 있는 사람들이 될 것이다.

1. 내가 가장 쉽게 넘어지는 영적 전쟁의 최전선은 어디인가?

2. 내 영적 전쟁의 승리를 위하여 기도 부탁을 할 수 있는 사람들이 주위에 있는가?

   ① 금방 떠오르는 사람이 있는가? 그 이유는 무엇인가?

   ② 없다면 그 이유는 무엇인가?

3. 나는 다른 사람들이 영적 전쟁을 치를 때 도와 달라고 기도를 부탁 받는 사람인가?
   (사람들이 나에게 기도를 부탁한다면 그 이유는 무엇이며, 부탁하지 않는다면 그 이유는 무엇일까?)

4. 나는 어떠한 영적 무기들을 갖고 있는가?

5. 오늘 나는 도움을 구하는 기도제목이 있는가?
   지체들의 기도 제목을 이 시간 서로 나누어 보도록 한다.

암송구절

근신하라 깨어라 너희 대적 마귀가 우는 사자 같이 두루 다니며 삼킬 자를 찾나니 (베드로전서 5:8)

Be self-controlled and alert. Your enemy the devil prowls around like a roaring lion looking for someone to devour. (1 Peter 5:8, NIV)

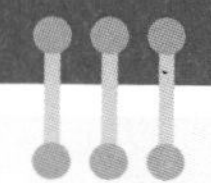

힘을 주는 묵상

주님, 오늘도 최고의 날입니다!
늘 우리를 보호하시는 하나님,
오늘도 우리의 모임 가운데 함께해 주셔서 감사해요.
우리는 매일 우리를 삼키려 하는 마귀와의 전쟁 가운데 살아가요.
우리가 특히 어떤 영적 전쟁에서 가장 많이, 쉽게 넘어지는지 점검해 보고,
대장 되시는 주님만을 의지할 수 있는 믿음을 더해 주세요.
우리의 마음과 중심을 보시는 하나님,
삶의 순결과 절제의 열매를 많이 맺어,
영적 전쟁에 승리하게 해주세요!

1. 내가 가장 쉽게 넘어지는 영적 전쟁의 최전선은 어디인가?

① 감정이 시시때때로 바뀌어서 나조차도 내가 감당되지 않는다.

② 모든 일이 불안정하고 예측이 되지 않아 불안하다.

③ 음란한 생각이 머릿속을 떠나지 않는다.

④ 밖에서는 괜찮다가도 집에만 돌아오면 가족과 갈등이 생긴다.

⑤ 돈 문제 앞에서는 조금도 손해 보고 싶지 않다.

2. 내 영적 전쟁의 승리를 위하여 기도 부탁을 할 수 있는 사람들이 주위에 있는가?

① 금방 떠오르는 사람이 있는가? 그 이유는 무엇인가?

목회자, 제직, 스승, 소그룹 리더, 혹은 절친한 친구 등 영적 전쟁이 일어날 때마다 가장 먼저 기도를 부탁하는 사람이 있다면 이야기해 보도록 하자. 그리고 그 사람이 '신앙적으로 선배이기 때문에', '평소 늘 의지하고 조언을 구하는 대상이기 때문에' 등의 이유도 함께 생각해 보자.

② 없다면 그 이유는 무엇인가?

영적 전쟁의 상황에 처했을 때, 기도를 부탁할 사람이 없다는 것은 공동체에 깊이 들어가 있지 않거나 목회자의 도움을 받을 수 없는 상황에 있는 등 다양한 이유가 있을 수 있다. 영적 멘토나 동역자가 없다면, 이 부분을 놓고 기도할 수 있는 시간을 가져야 한다.

3. 나는 다른 사람들이 영적 전쟁을 치를 때 도와 달라고 기도를 부탁 받는 사람인가?

(사람들이 나에게 기도를 부탁한다면 그 이유는 무엇이며, 부탁하지 않는다면 그 이유는 무엇일까?)

신앙의 동역자들로부터 기도 부탁을 받는 사람도 있고, 그렇지 못한 사람도 있다. 나는 동역자들과 어떤 관계를 맺고 있는지 생각해 보아야 한다. 세상 사람들과는 다른 목적을 가진 구별된 공동체에서 기도의 호흡을 같이하는 것은 매우 중요하다.

4. 나는 어떠한 영적 무기들을 갖고 있는가?

① 평소 꾸준히 해온 말씀 묵상

② 따로 시간을 떼어 놓고 지키고 있는 기도 시간

③ 말씀을 근거로 조언해 줄 멘토

5. 오늘 나는 도움을 구하는 기도제목이 있는가?
지체들의 기도 제목을 이 시간 서로 나누어 보도록 한다.

9장

다시는 돌아가지 말아야 할 죄의 영역!

이사야 43:14-21

[14]너희의 구속자요 이스라엘의 거룩한 이 여호와가 말하노라 너희를 위하여 내가 바벨론에 사람을 보내어 모든 갈대아 사람에게 자기들이 연락하던 배를 타고 도망하여 내려가게 하리라

[15]나는 여호와 너희의 거룩한 이요 이스라엘의 창조자요 너희의 왕이니라

[16]나 여호와가 이같이 말하노라 바다 가운데에 길을, 큰 물 가운데에 지름길을 내고

[17]병거와 말과 군대의 용사를 이끌어 내어 그들이 일시에 엎드러져 일어나지 못하고 소멸하기를 꺼져가는 등불 같게 하였느니라

[18]너희는 이전 일을 기억하지 말며 옛날 일을 생각하지 말라

[19]보라 내가 새 일을 행하리니 이제 나타낼 것이라 너희가 그것을 알지 못하겠느냐 반드시 내가 광야에 길을 사막에 강을 내리니

[20]장차 들짐승 곧 승냥이와 타조도 나를 존경할 것은 내가 광야에 물을, 사막에 강들을 내어 내 백성, 내가 택한 자에게 마시게 할 것임이라

[21]이 백성은 내가 나를 위하여 지었나니 나를 찬송하게 하려 함이니라

시작하며

이전에 누가 나에게 이런 메일을 보내왔다. 밤에 잠을 자는데 이전 남자친구와 꿈에서 육체적인 관계를 맺었다는 것이다. 분명히 잊었다고 생각했는데 왜 자꾸 그런 꿈이 반복되는지 모

르겠다고, 그것 때문에 너무 괴롭다는 내용이었다. 자기가 아직 음란(?)해서 이런 것이냐고 하면서 고민스러워 했는데, 그 사람의 고민을 한방에 날려 주었다!

탈무드에 보면 그런 것을 영적 전쟁이라고 하는데, 자기가 제정신(?)일 때 그런 음란 된 마음과 열심히 잘 싸우면, 꿈에서 그런 일들이 일어난다는 것이다. 그래서 자기가 마치 그 일에 범죄한 것과 같은 상황이 벌어지는데, 그 꿈의 해석은 곧 자기가 육신의 옷을 입고 있었던 때의 영적 전쟁에서 이긴 것이라고 랍비는 대답한다고 한다.

깨어 있을 때 열심히 싸웠기 때문에 무의식이 되는 꿈의 세계에서 그런 일이 일어난다고. 그러니 사실 그런 꿈을 꾸는 사람들은 육신의 정욕과 열심히 잘 싸운 사람들이라 하는 그런 해석을 해주었더니 메일을 보낸 자매가 너무 기뻐했다. 그 일로 기도하면서 많이 싸웠던 것 같다.

우리의 죄를 완전히 도말하시는 하나님

레위기 17장 7절을 보자.

그들은 전에 음란하게 섬기던 숫염소에게 다시 제사하지 말 것이니라 이는 그들이 대대로 지킬 영원한 규례니라

그들이 음란하게 섬겼던 숫염소에게 다시는 제사하지 말라고 했다.

하나님은 우리의 옛 죄를 다 잊어 주신다.

분명 있었던 죄인데 아예 없는 것처럼 다 사하여 주신다는 것! 하나님의 용서는 그렇게 어마어마한 것이다.

그러나 사유하심이 주께 있음은 주를 경외하게 하심이니이다 (시 130:4)

이사야 43장 25절의 말씀을 보면 '네 허물을 도말하는 자니 네 죄를 기억하지 아니하리라'고 하신다.

죄를 완전히 도말한다고 하시는데 도말이란 말은 벽에 벽지를 발라 놓고 그 벽지가 더러워지면 그 위에 또 벽지를 덧입히는 과정을 말한다고 한다. 그래서 이전 벽지의 더러움이 아무것도 안 보이도록 덧입히는 것인데, 하나님은 우리 이전 죄를 이렇게 기억하지 않으신다고 약속하셨다.

이 약속은 암만 죄를 짓고 또 지어도 회개하면 그 지은 죄는 기억되지 않을 테니, 마음 놓고 죄를 지어도 된다는 그런 '라이선스'가 아니다. 새롭게 시작하라는 '특혜'인 것이다!

다시 지은 죄로 돌아가지 않기를 원하는 것이 우리 하나님 마음인 것이다.

죄를 다시 반복하지 않으면 좋은 일은 무엇인가?

반면, 죄를 자꾸 짓게 될 때 나쁜 일은 무엇인가?

우리들은 '자존감'의 중요성을 이야기한다. 자존감을 어떻게 하면 높일 것인가? 자존감은 자만한 마음이 아니고 자기 스스로를 소중히 여기는 마음이다. 내가 누구인가? 하나님의 자녀라고 자존감에 대한 중요성을 아무리 많이 들어도 자기 삶에 올바른 행동이 따라 주지 않으면 자꾸 자존감이 내려갈 수 있다.

상담학에서는 자존감이 약한 사람을 상담해 줄 때는 그 사람이 올바른 일을 반복해서 행할 수 있도록 권면한다.

내가 올바른 일을 하고 있다는 확신이 있으면 자기 자신의 '자존감'이 상승한다. 그러나 암만 하나님의 자녀라고 성경적인 진리로 그 사람에게 '자존감'을 높이 가져라 해도 그 사람이 계속해서 범죄하고, 음란하고, 지은 죄 또 짓고, 그러면? 마귀의 참소함에 자꾸 빌미를 주게 되기 때문에 자존감이 내려가게 되어 있는 것이다.

당당함? 그것은 일단은 하나님의 자녀라고 믿는 그 진리가 기초석이 되어야 하고 다음은? 자기 스스로를 보아도, 자기가 살면서 하고 있는 일들이 올바른 일들이어야 하는 것이다. 그러면 자존감은 저절로 건강하게 되는 것이다.

1. 내게 자꾸 떠오르는 이전의 죄악들이 있는가? 이런 기억으로부터의 자유함은 어떻게 가질 수 있는가?

2. 나는 그 일들이 용서받아야 할 일이라고 생각하고 하나님께 용서를 구했는가?

3. 용서를 구한 죄들을 다시 생각하거나 그 일로 더 이상 정죄감을 느끼지 않으려면 나는 어떠한 생각을 (성경에 근거하여) 가져야 마땅한가?

4. 올바른 행동의 지속적인 반복이 건강한 자존감을 지키기 위해 중요하다. 내 삶에서 규칙적으로 매일매일 할 수 있는 올바른 것은 무엇인가?

암송구절

너희는 이전 일을 기억하지 말며 옛날 일을 생각하지 말라
(이사야 43:18)

Forget the former things; do not dwell on the past. (Isaiah 43:18, NIV)

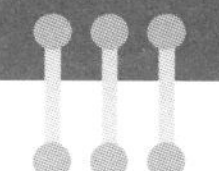
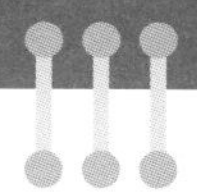

힘을 주는 묵상

주님, 오늘도 최고의 날입니다!
우리의 죄를 도말하시고 새롭게 해주심을 감사드립니다.
단 한시도 하나님을 떠나 살 수 없는 우리에게
하나님 자녀로서의 정체성을 다시금 새겨 주시고,
거기에 합당한 자존감을 가지고 살아가도록 인도하여 주옵소서.
지나간 죄에 발목 잡혀 원수 마귀에게 참소당하는 비참한 삶이 아닌,
아버지께서 새롭게 주신 삶 가운데 평안과 기쁨을 누리는
매일이 되기를 소원합니다!

1. 내게 자꾸 떠오르는 이전의 죄악들이 있는가? 이런 기억으로부터의 자유함은 어떻게 가질 수 있는가?

① 남을 비방하고 헐뜯었던 일

② 다른 이에게 씻을 수 없는 상처를 준 일

③ 술과 담배, 음란함, 게임 중독 등에 빠졌던 일

④ 기도를 들어주지 않는다고 하나님을 미워하고 원망했던 일

⑤ 다른 사람의 부탁을 매몰차게 거절했던 일

*이런 기억으로부터 자유함을 얻기 위해, 용서에 대한 성경구절을 읽어 보도록 한다.

2. 나는 그 일들이 용서받아야 할 일이라고 생각하고 하나님께 용서를 구했는가?

요한일서 1장 9절을 보면, '만일 우리가 우리 죄를 자백하면 그는 미쁘시고 의로우사 우리 죄를 사하시며 우리를 모든 불의에서 깨끗하게 하실 것이요'라고 말씀하신다. 우리가 먼저 죄에 대한 자각을 가지고 하나님 앞에 나간다면, 하나님은 우리를 깨끗하게 하신다.

3. 용서를 구한 죄들을 다시 생각하거나 그 일로 더 이상 정죄감을 느끼지 않으려면 나는 어떠한 생각을 (성경에 근거하여) 가져야 마땅한가?

이사야 43장 25절에 보면 '나 곧 나는 나를 위하여 네 허물을 도말하는 자니 네 죄를 기억하지 아니하리라'는 말씀을 기억해야 한다. 우리를 힘들게 하는 죄악 된 기억들을 버리면, 하나님이 새 일을 행하시겠다고 하신다. 무조건적으로 하나님이 '잊어 주신다'에만 집중하여 마음껏 죄를 짓는 것이 아니라, 그러한 하나님의 자녀로서 합당한 '옳은 일'에 집중해야 한다. 내가 올바른 일을 하고 있다는 확신이 있으면 자존감이 상승하게 되는 것이다.

sharing

4. 올바른 행동의 지속적인 반복이 건강한 자존감을 지키기 위해 중요하다. 내 삶에서 규칙적으로 매일매일 할 수 있는 올바른 것은 무엇인가?

① 매일 감사의 목록 적어 보기

② 아주 작은 거짓말도 하지 않기

③ 말씀 묵상을 통해 하나님과 가까워지기

④ 일일 일선

10장

어떤 죄를 제거하고 새롭게 시작할 것인가?

레위기 1:14-17

[14]만일 여호와께 드리는 예물이 새의 번제이면 산비둘기나 집비둘기 새끼로 예물을 드릴 것이요

[15]제사장은 그것을 제단으로 가져다가 그것의 머리를 비틀어 끊고 제단 위에서 불사르고 피는 제단 곁에 흘릴 것이며

[16]그것의 모이주머니와 그 더러운 것은 제거하여 제단 동쪽 재 버리는 곳에 던지고

[17]또 그 날개 자리에서 그 몸을 찢되 아주 찢지 말고 제사장이 그것을 제단 위의 불 위에 있는 나무 위에서 불살라 번제를 드릴지니 이는 화제라 여호와께 향기로운 냄새니라

시작하며

연말이 되면 한 해를 자연스럽게 돌아보게 된다. 나는 연말에는 보통 한 해를 돌아보면서 육체적, 지적, 영적, 사역적, 관계적, 재정적 등으로 분류하여 한 해를 평가한다(물론 이 평가는 그

해 연초에 세운 것을 기준으로 하는 것이다). 그리고 새해에는 같은 분야에 또 계획을 세운다. 계획을 세울 때는 상세한 지침사항도 리스트에 넣어서 평가할 때에 '평가의 정확성'을 돕도록 한다(한 해뿐만 아니라 한 달 단위, 한 주 단위로 정리해 보는 것도 좋다).

예) 지적인 면 – 매달 책을 ( )권 읽는다.
영적인 면 – 매일 성경은 ( )장 읽는다.
육적인 면 – 하루 운동은 ( ) 분간 한다.

건강한 신앙에는 '균형'이 중요하다. 그래서 영적인 부분뿐만 아니라 육체적으로도 지적으로도 그리고 관계적으로도 재정적으로도 내 삶의 모든 부분에 걸쳐서 계획을 세워 본다.

지난 한 해 세워 놓은 계획 중에서 잘 지켜지지 않은 부분은 새해에는 좀 더 분발하여 잘 지켜보려는 마음으로 지난해 세웠던 계획보다 지침을 더 강화하기도 하지만, 어떤 부분은 기대치를 좀 낮추어야 하는 것을 인정하고 세웠던 목표를 조금 낮춰 보기도 한다.

단호하게 끊어 내야 할 죄!

레위기 1장 15절을 읽어 보자.

> 제사장은 그것을 제단으로 가져다가 그것의 머리를 비틀어 끊고 제단 위에서 불사르고 피는 제단 곁에 흘릴 것이며

레위기에는 제사법이 나와 있다. 위의 구절은 하나님 앞에 새를 드려 제사를 지내는 법이다. 15절의 '그것의 머리를 비틀어'라는 말을 읽으며 잠깐 상상해 보았다.

새의 머리를 비튼다고? 으윽! 잔인하다! 피가 목으로 터져 나올 터인데? 으윽! 무섭다!

제물을 드리는 이유가 무엇인가? 죄의 속죄를 위한 제물의 종류가 많았는데 특히 새를 제물로 바칠 때 인정사정없이 목을 비튼다는 자체는 상상만 해도 끔찍하다. 이렇게 끔찍한 죽음을 당한 분은 우리 예수 그리스도이셨던 것이다.

누구의 죄를 위하여 그러셨는가? 내 죄를 대신하여!

새도 아니고, 만왕의 아들이신 예수께서 너무나 잔혹하게 십자가에서 돌아가신 것이다.

새를 잡는 것도 그렇고 다른 동물들의 각을 뜨는 일들 모두 예수님이 얼마만큼 고통스럽게 돌아가셨는지 우리에게 알려 주는 것 아니겠는가?

제사장이 새의 목을 비틀 때, 새를 바친 사람이 제사장 앞에서 있었을 터인데, 새가 죽어가면서 내는 처참한 소리! 그리고 잔인하게 죽어가는 모습을 보면서 '아, 내가 죄를 짓지 않아야 하는구나!' 하는 생각이 들지 않았을까? 우리들의 삶에는 '비틀어 죽여 버려야 하는 죄의 근성!'들이 있지 않을까? 그러니 죄를 끊을 때는 잔인하다 싶을 정도로 새의 목을 비틀 듯이 단호하게 끊어야 한다는 것이다! 그렇게 하는 것이 죄와 결별하는 태도이다. 잔인하도록 죽여 버려야 하는 것이 죄의 모양들이다.

이 묵상을 하면서 한편으로 참 감사하다. 이전에는 이런 구절을 묵상하려고 하면 마음이 무거웠던 기억이 난다. 그 이유는 다름이 아니라 끊어야 하는 죄 때문이다. 단호하게 끊어야 하는 어떤 부분에서는 단호하지 못하고, 그야말로 어기적거리며 뭉개고 있는 나 자신을 발견하기 때문이다.

성령님을 근심하게 했으니 마음은 우울하지, 그렇다고 새 머리를 비틀어 버리듯 죄의 습관을 비틀어 버리기에는 너무 아깝

(?)고 좋지! 그러니 말씀 읽으면서 마음에 갈등의 소용돌이가 없을 수 없고!

왜 이런 성구가 마음에 와닿는 거지! 피해 갈 길 없나? 이렇게 묵상하기가 일쑤였던 한때가 있었다.

설교를 들을 때 우리들에게 두 가지 종류의 복이 있는 사람들이 있다. 한 종류의 사람들은 말씀을 들으면서 "아유! 나는 저렇게 못 살아서 어쩌나! 듣는 말씀대로 살아야 할 텐데!" 이런 사람은 "심령의 가난한 자의 복"이 있는 사람들이다.

또 다른 종류의 사람들이 있다.

"아! 감사합니다. 주님! 저는 듣는 말씀대로 이미 살고 있으니 감사합니다! 이렇게 살도록 도와주신 하나님 은혜 감사합니다!"

나는 어떠한 종류의 복을 누리는 자인가?

하나님의 율법을 사랑하는 자에게는 장애물이 없다는 시편 말씀처럼 장애물이 인간적으로 환경의 어려움, 관계의 어려움 – 그런 것을 떠나서 말씀을 순종하면서 살고 있으니 말씀으로 인하여 '걸리는 것'이 없다는 것도 적용되는 것이리라! 장애물! 환경의 장애물을 벗어나서 말씀 가운데 걸리는 '불순종의 모습'

이 없는 삶! 죄의 유혹에 '면역' 된 사람은 없을 것이다. 우리는 늘 말씀에 비추어서 자신을 조명하고 주님 앞에서 '겸손'하게 살기를 힘써야 할 것이다.

1. 한 해 혹은 한 달, 한 주를 돌아봤을 때 나의 '믿음의 진보' 리스트에 올릴 만한 것들은 무엇이 있는가?

2. '새의 머리를 비트는 제사를 드리듯' 단호하게 주님께 드려야 하는 죄의 모양들이 있는가?

3. 이러한 죄를 단호하게 다루기 위해서 나는 구체적으로 무엇을 해야 할까?

4. 단호하게 해결되어야 할 죄의 부분들이 해결된 후의 나의 모습을 상상해 본다면?

암송구절

악은 어떤 모양이라도 버리라 (데살로니가전서 5:22)

Avoid every kind of evil. (1 Thessalonians 5:22, NIV)

힘을 주는 묵상

주님! 오늘도 최고의 날입니다!
죄라는 것은 새의 목을 비틀듯 그렇게 잔인하게 비틀어야 함을
말씀을 통하여 알려 주시니 감사합니다!
짓는 죄가 없다고 말할 수 없지만,
그러나 죄의 유혹과의 싸움에서 너끈하게 이길 수 있는 힘을
매일 공급하여 주시는 주님께 감사드립니다.

1. 한 해 혹은 한 달, 한 주를 돌아봤을 때 나의 '믿음의 진보' 리스트에 올릴 만한 것들은 무엇이 있는가?

① 오늘 하루 (　)번의 감사 제목을 작성했다.

② 이번 한 주 말씀 묵상을 (　)번 했다.

③ 한 달 동안 빠지지 않고 공동체 모임에 참석했다.

2. '새의 머리를 비트는 제사를 드리듯' 단호하게 주님께 드려야 하는 죄의 모양들이 있는가?

① 쉽게 화가 나고 분노를 주체할 수 없을 때가 많다.

② 늘 남과 나의 상황을 비교하고 좌절한다.

③ 하루 대부분의 시간을 중독(술, 노름, 게임, 자기 연민 등)에 빠져 보낼 때가 있다.

3. 이러한 죄를 단호하게 다루기 위해서 나는 구체적으로 무엇을 해야 할까?

단호하게 끊어 내는 결단을 먼저 해야 한다. 그렇지만 개인적으로 결단하는 것은 쉽게 풀어질 수밖에 없다. 그러므로 가능한 많은 사람에게 중보기도를 부탁해야 한다. 대적기도와 성경 묵상 또한 매우 중요하다. 나쁜 생각들이 틈타지 못하도록 하는 중요한 방어막이 될 것이다. 무엇보다 자괴감에 빠지지 않아야 한다. 하나님은 우리를 절대 포기하지 않으신다. 참소하는 영의 영향력에서 벗어나야만 한다.

4. 단호하게 해결되어야 할 죄의 부분들이 해결된 후의 나의 모습을 상상해 본다면?

무엇보다 가장 먼저 참소하는 영으로부터 자유를 얻게 되고, 다시 죄에 빠지지 않기 위해 성경을 가까이하게 될 것이다. 하나님의 사랑을 신뢰하며 우리를 풍성한 삶으로 부르신 하나님의 본래 의도에 맞게 삶이 변화된다. 뿐만 아니라, 이 땅에 사는 동안 계속되는 영적 전쟁 가운데 승리하는 기쁨을 누리게 될 것이다.

11장

나는 절제의 능력을 사용하는가?

룻기 4:13-15

[13]이에 보아스가 룻을 맞이하여 아내로 삼고 그에게 들어갔더니 여호와께서 그에게 임신하게 하시므로 그가 아들을 낳은지라

[14]여인들이 나오미에게 이르되 찬송할지로다 여호와께서 오늘 네게 기업 무를 자가 없게 하지 아니하셨도다 이 아이의 이름이 이스라엘 중에 유명하게 되기를 원하노라

[15]이는 네 생명의 회복자이며 네 노년의 봉양자라 곧 너를 사랑하며 일곱 아들보다 귀한 네 며느리가 낳은 자로다 하니라

시작하며

몇 달 전인가 지방에 설교를 하러 내려간 적이 있었다. 어느 일반 대학교에서 설교를 할 기회가 있었는데 학교 위치를 몰라 기차에서 내려 택시를 탔다. 택시를 타고서 학교 근처쯤 왔을

때 기사님이 그러신다.

"여기는 학교 주변이라 원룸이 많이 있는데, 남녀 동거하는 학생들이 많아요."

"아니 그것을 기사님이 어떻게 아세요?" 그랬더니 기사님이 이렇게 말씀하셨다.

"내가 운전 기사하는데 어디다 내려 달라 하고 둘이 같이 들어가는 곳을 왜 모르겠어요? 여기 주변에 대학생들 동거 많이 합니다."

예수님 안 믿는 청년들만의 이야기일까? 예수님 믿는 청년들은 이런 이야기와 전혀 상관이 없을까? 룻기 말씀을 통해 이러한 문제들을 생각해 보도록 하자.

절제가 가져다주는 축복

이에 보아스가 룻을 맞이하여 아내로 삼고 그에게로 들어갔더니 여호와께서 그에게 임신하게 하시므로 그가 아들을 낳은지라 (룻 4:13)

드디어 보아스와 룻이 결혼을 한다. 그리고 잠자리를 한다.

보아스는 룻과 잠자리를 할 기회가 분명히 있었다. 룻이 이전에 타작마당에 왔던 적이 있었던 것이다.

보아스 혼자 있는 타작마당의 천막에 룻이 들어왔을 때 발꿈치에 누워 있던 룻을 발견하게 되었던 보아스. 그때 룻은 자기를 아내로 맞이해 달라는 청혼(?)을 한 것이나 마찬가지였다. 그날 보아스는 충분히 룻이랑 잠자리를 할 수 있었을 텐데 참았던 것이다.

보아스만 참았을까? 타작마당의 천막으로 들어온 룻은 남편 없이 보낸 젊은 과부의 몸으로 보아스가 자기랑 그날 밤 잠자리를 하여 주기 원하는 마음이 없었을까? 둘 다 참았다고 생각해도 무리는 없을 것 같다.

새벽녘이 되어서 룻이 자기 처소로 돌아가기까지 즉, 동이 트기까지 결혼하기 원하는 두 남녀가 잠자리를 안 하고 함께 누워 있던 시간은 결코 쉬운(?) 시간은 아니었으리라.

'결혼을 약속한 사이라면 혼전 관계를 할 수 있는가?' 하는 질문에 교회 다니는 사람, 안 다니는 사람 할 것 없이 요즘 젊은이들의 90%가 괜찮다고 답변했다고 한다.

죄 중에 '간음'이라는 죄는 결혼한 사람들이 배우자 외에 성

관계를 했을 경우를 말하는 것이고, 결혼 안 한 사람들이 혼전 관계를 가지는 것은 '음란'죄라고 한다(영어로 fornication이라고 한다).

결혼할 상대라고 해서 잠자리 같이하는 것이 괜찮다고? 그렇지는 않다. 그것은 음란죄이고 음란죄는 성경에서 아주 엄중(?)하게 다루는 죄인 것이다.

회개해야 한다! 괜찮다고 생각하는 그 자체부터 회개해야 하는 것이다. 그것이 음란죄인지 알면서 행하고 회개해도 정말 가슴 떨려야 하는 일인데 그것이 괜찮다고 생각한다는 그 자체는 그만큼 우리가 하나님의 율법을 가볍게 생각한다는 뜻도 되는 것이다.

결혼할 상대이기 때문에 괜찮다는 생각? 결혼할지 그대 정말로 아는가? 세상일 모른다. 내가 아는 사람 중에는 약혼식 하고 난 다음 얼마 있다가 약혼자가 죽은 경우가 있다. 결혼하지 않고 그 약혼자가 죽었다는 것이다.

죽음만이 결혼할 약속을 무너뜨리는가? 결혼을 약속하고 마음 바꾸는 사람 없는가? 그러니, 결혼할 사람이면 잠자리가 허락된다? 청년 그리스도인들, 정신 차려야 한다. '음란'을 괜찮다고 여기게 되는 수준의 믿음이라고 한다면 말이다.

보아스와 룻, 참기 어려운 시간을 잘 넘겼다.

어떻게 동이 트기까지 그 시간을 보냈는지 잘 모르겠지만, 둘 다 잘 참았다는 것이다. 그리하여 때가 이르매 결혼하고 처음 잠자리를 하게 된다. 그랬더니 그들이 마음에 소원하는 아기가 금방 생긴 것이다. 하나님의 때를 기다린 사람들에게 하나님이 허락하시는 가장 좋은 선물들이 있다고 믿어야 한다.

결혼하고 아기 안 생기는 것이 징벌이라는 말이 아니다. 하나님 말씀 순종하면서 사는 이들에게는 그들에게 가장 필요한 복을 하나님이 알고 있으시다는 그런 접목을 해보고 있는 것이다.

절제라고 하는 것, 데이트 하면서 성관계를 하지 않았을 때 내가 잠시의 '쾌락과 즐거움의 시간'을 못 누리는 것 같아도 그것 절제하면? 하나님이 준비하시고 예비하신 더 선하고 좋은 것이 기다리고 있다는 것이다. 이것은 젊은이들의 성에 대한 절제뿐 아니라 우리 삶의 영역에 '절제'가 필요한 모든 부분에 접목된다고 하겠다.

1. 내 삶의 영역에 '절제'를 필요로 하는 부분이 있는가?

2. 이전의 경험으로 볼 때 어떤 일을 절제했을 때 갖게 된 '이익들'이 있었는가? 나누어 보도록 한다. 반대로, 절제하지 못해 갖게 된 '손해'도 나누어 보도록 한다.

3. 내 삶의 부분에 '절제'를 훈련하기 위해서 내가 가질 수 있는 구체적인 방법에는 어떤 것이 있는지 나누어 본다.

암송구절

마귀에게 틈을 주지 말라 (에베소서 4:27)

Do not give the devil a foothold. (Ephesians 4:27, NIV)

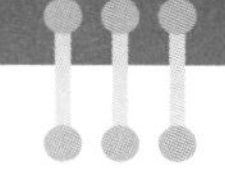

힘을 주는 묵상

주님, 오늘도 최고의 날입니다!

우리가 이 땅을 살아가는 동안 삶의 영역에서

절제해야 할 영역이 너무나 많습니다.

하나님 안에서 시간, 감정, 재정에 있어서

절제의 훈련을 매일 지속적으로 해나갈 수 있도록 지혜를 주옵소서.

그럼으로 말미암아 가장 '합당한 시간'에

나에게 내려지는 축복을 사모하게 하옵소서.

주님 사랑합니다!

주님 감사합니다!

1. 내 삶의 영역에 '절제'를 필요로 하는 부분이 있는가?

① 식욕을 주체하지 못해서 자주 폭식을 한다.
② 음란한 생각이나 영상에 중독되어 있다.
③ 인간관계에서 모든 것을 채우려고 한다.
④ 술이나 담배를 매일 하지 않으면 답답해진다.
⑤ 남의 이야기를 너무 자주한다.

2. 이전의 경험으로 볼 때 어떤 일을 절제했을 때 갖게 된 '이익들'이 있었는가? 나누어 보도록 한다. 반대로, 절제하지 못해 갖게 된 '손해'도 나누어 보도록 한다.

게으름을 절제하고 매일 일정 성경 읽기에 시간을 쏟아부었더니 하나님과 더 깊은 교제를 나눌 수 있게 되었다.
분노가 절제되지 않아서 늘 주변 사람들과 부딪치고 자주 갈등 상황에 빠졌는데, 화를 내기 전에 먼저 하나님이 주시는 마음이 무엇인지 고민하고 말을 꺼냈더니 훨씬 부드럽게 넘어갈 수 있었다.
매일 휴대전화 게임을 절제하지 못하고 거기에 매달려 있다 보니 시험과 과제에 집중하지 못하고 한 학기를 망친 적이 있었다.
근심에 싸인 부정적인 생각을 절제하지 못하고 계속하게 되자, 생활에 의욕이 없어지고 아무것도 할 수 없는 상태가 지속되었다.

3. 내 삶의 부분에 '절제'를 훈련하기 위해서 내가 가질 수 있는 구체적인 방법에는 어떤 것이 있는지 나누어 본다.

① 절제와 관련된 성구를 외운다

디모데전서 4장 8절
육체의 연단은 약간의 유익이 있으나 경건은 범사에 유익하니 금생과 내생에 약속이 있느니라

갈라디아서 5장 17절
육체의 소욕은 성령을 거스르고 성령은 육체를 거스르나니 이 둘이 서로 대적함으로 너희가 원하는 것을 하지 못하게 하려 함이니라

② 절제를 못하는 어떤 습관이 있다면 그 시간 친구에게 전화를 걸어서 대화를 한다.
③ 따로 운동 시간을 마련해서 정욕을 막는다.

관계 세우기

12장 배우자에 대한 하나님의 뜻 알기

13장 관계에서 한계선 긋기

14장 삶의 원동력! 이웃과의 진심 어린 관계!

15장 불편한 관계 속에서 하나님의 뜻 알아 가기

12장
배우자에 대한 하나님의 뜻 알기

창세기 24:10-14

[10]이에 종이 그 주인의 낙타 중 열 필을 끌고 떠났는데 곧 그의 주인의 모든 좋은 것을 가지고 떠나 메소보다미아로 가서 나홀의 성에 이르러
[11]그 낙타를 성 밖 우물 곁에 꿇렸으니 저녁 때라 여인들이 물을 길으러 나올 때였더라
[12]그가 이르되 우리 주인 아브라함의 하나님 여호와여 원하건대 오늘 나에게 순조롭게 만나게 하사 내 주인 아브라함에게 은혜를 베푸시옵소서
[13]성 중 사람의 딸들이 물 길으러 나오겠사오니 내가 우물 곁에 서 있다가
[14]한 소녀에게 이르기를 청하건대 너는 물동이를 기울여 나로 마시게 하라 하리니 그의 대답이 마시라 내가 당신의 낙타에게도 마시게 하리라 하면 그는 주께서 주의 종 이삭을 위하여 정하신 자라 이로 말미암아 주께서 내 주인에게 은혜 베푸심을 내가 알겠나이다

시작하며

요즘은 많은 사람들이 휴대전화 메신저를 사용한다. 메신저에 저마다 여러 개의 단체 또는 일대일 대화방이 있을 것이다. 내 메신저에는 시도 때도 없이 올라오는 것이 있다. 바로 말씀

묵상이다. 새벽부터 시작해서 자정 시간에 이르기까지 계속해서 대화방에 청년들의 묵상이 올라오고 있다.

어떤 형제는 나에게 개인 메신저로 감사하는 내용을 보내오기도 했다. 그 형제가 하나님을 떠나 방황하고 있었는데, 말씀 묵상을 하면서 다시 하나님에게 돌아오게 되었다고 한다. 그래서 묵상을 하도록 권유하고 쉬운 묵상 방법을 가르쳐 준 나에게 감사한다는 것이었다.

대화방에 시도 때도 없이 올라오는 묵상의 글에 한마디라도 댓글을 달아 주면서부터 나의 24시간은 더없이 바빠졌지만, 그래도 새벽이슬 같은 청년들이 하나님의 말씀에 뿌리를 내리는 '말씀 묵상 훈련'에 열심을 보이는 모습은 자랑스럽고 기특하기만 하다.

말씀을 묵상하면서 얻게 되는 여러 가지 유익이 있는데, 그 중 하나는 말씀을 통하여 '하나님의 뜻'을 알아 간다는 것이다. 청년들의 공통된 관심을 꼽는다면 '배우자에 대한 하나님의 뜻 알기'가 아닐까 한다.

'잘 준비된' 배우자의 요건

창세기 24장을 읽어 보자. 결혼해야 할 대상과 배우자를 알아보는 방법에 대해, 결혼이 어떻게 진행되어야 하며 무엇을 준비해야 하는지에 대한 통찰력을 얻게 된다.

적어도 아래와 같이 결혼에 대한 네 가지 적용점을 찾아볼 수 있을 것이다.

1. 어떠한 배우자를 찾을 것인가?
2. 어떻게 알아볼 수 있을까?
3. 배우자를 알아보기 위한 '하나님의 뜻 선정하기'는 어떻게 할 수 있나?
4. 순적한 결혼을 하려면 어떻게 해야 하나?

창세기 24장 10절을 읽어 보자.

이에 종이 그 주인의 낙타 중 열 필을 끌고 떠났는데 곧 그의 주인의 모든 좋은 것을 가지고 떠나 메소보다미아로 가서 나홀의 성에 이르러

여기서 아브라함의 종 엘리에셀이 이삭의 아내 될 사람을 찾아 길을 떠날 때, 무엇을 가지고 가는가? 바로 '그의 주인의 모든 좋은 것'을 가지고 길을 떠났다고 기록되어 있다. 결혼을 앞둔 사람이 이 구절을 읽으면 무슨 생각을 하게 될까? 결혼뿐 아니라, 우리가 원하는 어떤 목적, 꿈, 비전 같은 것을 향하여 길을 떠나게 될 때 우리는 무엇을 가지고 가야 할까?

싱글이라면 누구나 결혼을 하고 싶어 할 것이다. 특별히 독신의 은사가 없다면 말이다. 그런데 결혼을 준비하려고 길을 떠나는 나의 손에는 무엇이 있는가? '그의 주인의 모든 좋은 것'이라 했는데, 내 삶에서 가장 좋은 것이 준비되어 있는가?

배우자를 맞이하기 위하여 나는 다음 네 가지가 어느 정도 준비되어 있는지, 정도에 따라 번호에 표시해 보도록 하자.

성숙한 인격	①	②	③	④	⑤
믿음	①	②	③	④	⑤
재정	①	②	③	④	⑤
건강	①	②	③	④	⑤

①많이 부족하다 ②부족한 편이다 ③보통이다
④ 약간 준비되었다 ⑤잘 준비되었다

그냥 결혼할 남자나 여자를 막연히 찾을 것이 아니라, 자기 나름대로 준비해야 할 것이 있어야 한다는 것이다. 상대방을 만나려면 내가 준비해 둔 '최상의 무엇'은 있어야 한다는 것이다.

가장 먼저 준비해야 할 것이 꼭 재정은 아니라고 생각한다. 둘이 함께 살아가는데 처음에 재정이 조금 없은들 어떤가? 재정을 첫 번째 결혼 자격으로 꼽을 필요는 없다. 다만 배우자를 찾고 만나려는 사람이라면, 각자가 알고 생각하는 선에서 최선의 준비는 해야 한다는 말이다.

결혼하는 적령기는 몇 살이라고 생각하는가? 어른들은 왜 일반적으로 결혼에 적령기가 있다고 생각할까? 나이가 너무 어리면 왜 결혼을 시키지 않을까? 충분히 준비되지 않은 몸과 마음 때문은 아닐까?

과거에 비해 요즘은 '순결교육'의 내용이 좀 달라진 것 같다. 내가 고등학교 다닐 때는 학교에서 순결교육을 엄격하게 했다. 누가 목에 '키스 마크'라도 표시하고 학교에 오면 교실은 발칵 뒤집어질 정도였다. 그런데 요즘은 어떤가?

통계에 의하면, 교회 다니는 청년들이나 교회 안 다니는 청년들이나, 결혼 전 성관계가 괜찮다고 믿는(?) 사람들의 비율이

거의 비슷하다고 한다. 결혼을 잘하고 싶은가? 최고로 잘 준비된 아내와 남편이 되고 싶은가? 그렇다면 몸부터 순결하게, 잘 준비하는 것이 어떨까?

아브라함의 종은 그의 '주인'의 모든 좋은 것을 가지고 떠났다고 한다. 내 주인은 누구이신가? 바로 하나님이시다! 하나님이 내게 주신 가장 좋은 것은 무엇일까? 거룩한 몸이다! 이 몸을 거룩하게 잘 준비하고자 하는 마음이 중요한 것이다.

짝을 잘 만나려면, 몸부터 순결하게 잘 간직하고 있는 것이 중요한 준비의 과정이라고 하겠다. 결혼식장을 예약하고 아름답고 멋있는 결혼예복 같은 외형적 준비도 중요하겠지만, 하나님의 거룩한 성전으로서 거룩한 몸과 그리스도인다운 정결한 마음을 가꾸는 준비는 더 중요하다는 이야기다. 이미 순결을 잃은 청년들에게 하나님이 기회를 주시지 않는다는 이야기는 아니다. 회개하면 이전 것은 지나가고 새로운 피조물이 된다고 성경에서 말씀하셨으니, 이미 순결을 잃은 사람이라면 새롭게 되었음을 믿고 앞으로 절대 그러지 말라는 것이다.

물론 지금까지 순결을 지킨 싱글 형제자매들은 꼭 끝까지 순결을 지켜서, 하나님이 주신 최고의 '순결함'으로 결혼을 준비할 수 있기를 바란다. '세상 사람들은 다 안 지키는데 왜 내가?' 하는 생각이 든다 하더라도, 우리는 '구별된 백성'으로 살아가야 한다는 거룩한 부담이 결국 우리를 '진실로 자유하게' 해준다는 것을 알게 될 것이다.

창세기 24장을 읽고, 다음과 같은 질문에 어떤 통찰력을 가질 수 있을지 서로 나눠 본다.

1. 내가 앞으로 만날 배우자를 위하여 준비할 수 있는 가장 좋은 것은 무엇이라고 생각하는가?

2. 배우자를 알아보기 위한 '하나님의 뜻 선정하기'를 나 스스로 해볼 수 있을까? 본문에서는 그것을 어떻게 선정했는가?
(당신이라면 어떻게 선정하고 싶은가? 하나님의 뜻 선정하기가 꼭 필요할까?)

3. 결혼의 순적한 과정을 위하여 우리가 할 수 있는 노력은 어떤 것일까?

암송구절

모든 사람은 결혼을 귀히 여기고 침소를 더럽히지 않게 하라 음행하는 자들과 간음하는 자들을 하나님이 심판하시리라 (히브리서 13:4)

Marriage should be honored by all, and the marriage bed kept pure, for God will judge the adulterer and all the sexually immoral. (Hebrews 13:4, NIV)

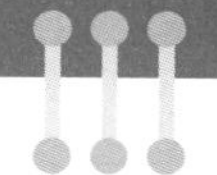
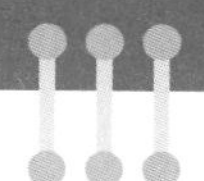

힘을 주는 묵상

주님, 오늘도 최고의 날입니다!
하나님은 이삭의 배우자 될 사람을 찾아 길을 떠나는 엘리에셀이
'그의 주인의 모든 좋은 것'을 가지고 가게 하셨습니다.
내 삶 가운데 배우자를 위해 준비해야 할 '가장 좋은 것'이
무엇인지 알게 해주세요.
배우자를 만나는 데 있어
하나님의 순조로운 인도하심을 기도하며 준비되어 갈 수 있도록
이끌어 주실 주님을 찬양합니다!

창세기 24장을 읽고, 다음과 같은 질문에 어떤 통찰력을 가질 수 있을지 서로 나눠 본다.

1. 내가 앞으로 만날 배우자를 위하여 준비할 수 있는 가장 좋은 것은 무엇이라고 생각하는가?

① 하나님의 성전인 몸을 순결하게 지키는 것이 가장 중요하다.

② 하나님이 언제나 첫째 자리를 차지하고 있는 마음이 준비되어야 한다.

③ 대화하고 소통하는 것을 배워 두어야 한다.

2. 배우자를 알아보기 위한 '하나님의 뜻 선정하기'를 나 스스로 해볼 수 있을까? 본문에서는 그것을 어떻게 선정했는가?

(당신이라면 어떻게 선정하고 싶은가? 하나님의 뜻 선정하기가 꼭 필요할까?)

창세기 24장 12-14절을 읽어 보자.

그가 이르되 우리 주인 아브라함의 하나님 여호와여 원하건대 오늘 나에게 순조롭게 만나게 하사 내 주인 아브라함에게 은혜를 베푸시옵소서 성 중 사람의 딸들이 물 길으러 나오겠사오니 내가 우물 곁에 서 있다가 한 소녀에게 이르기를 청하건대 너는 물동이를 기울여 나로 마시게 하라 하리니 그의 대답이 마시라 내가 당신의 낙타에게도 마시게 하리라 하면 그는 주께서 주의 종 이삭을 위하여 정하신 자라 이로 말미암아 주께서 내 주인에게 은혜 베푸심을 내가 알겠나이다

아브라함의 종 엘리에셀은 우물 근처에 있다가 물을 길으러 나온 소녀에게 물을 달라고 했을 때, 자신뿐만 아니라 낙타가 마실 물도 준비해 준다면 하나님께서 이삭을 위해 정한 배우자라는 뜻으로 알겠다는 말씀이 나온다. 이런 방식이 확실하고 당장 눈앞에 보이는 것이기 때문에, 내 배우자를 이렇게 보여 달라고 원하는 청년들도 있을 것이다. 하지만 하나님은 이미 예수님을 이 땅에 보내 주셨고, 성령님이 우리 안

에 내주하도록 해주셨다. 그렇기 때문에 현재를 살아가는 그리스도인에게 이러한 방법보다는 말씀과 기도를 통해 성령님과 깊이 있는 교제 안에서 순조롭게 이끌어지는 것을 기대하고, 또 그렇게 해나가야 할 것이다.

3. 결혼의 순적한 과정을 위하여 우리가 할 수 있는 노력은 어떤 것일까?

배우자를 찾고, 결혼을 하는 과정은 기도와 말씀을 통한 하나님과의 끊임없는 교제 안에서 이루어지는 것이 중요하다. 그러나 결혼까지 이르는 과정의 핵심은 하나님 앞에서 혼자의 시간을 잘 보내야 한다는 것이다. 싱글이어서 외로울 때 '하나님과 독대의 시간'을 잘 챙겨 놓는 지혜가 필요하다. 또한 배우자에 대한 조바심보다는 하나님 안에서의 자유함을 먼저 누리고, 하나님 마음에 합한 사람을 달라고 기도하는 것도 중요하다. 결혼은 해서 '외롭지 않다'는 차원보다, 결혼을 해서 '하나님을 함께 알아간다'는 차원에서 고민하고 기도해야 한다.

13장

관계에서 한계선 긋기

창세기 26:6-10

[6]이삭이 그랄에 거주하였더니

[7]그 곳 사람들이 그의 아내에 대하여 물으매 그가 말하기를 그는 내 누이라 하였으니 리브가는 보기에 아리따우므로 그 곳 백성이 리브가로 말미암아 자기를 죽일까 하여 그는 내 아내라 하기를 두려워함이었더라

[8]이삭이 거기 오래 거주하였더니 이삭이 그 아내 리브가를 껴안은 것을 블레셋 왕 아비멜렉이 창으로 내다본지라

[9]이에 아비멜렉이 이삭을 불러 이르되 그가 분명히 네 아내거늘 어찌 네 누이라 하였느냐 이삭이 그에게 대답하되 내 생각에 그로 말미암아 내가 죽게 될까 두려워하였음이로라

[10]아비멜렉이 이르되 네가 어찌 우리에게 이렇게 행하였느냐 백성 중 하나가 네 아내와 동침할 뻔하였도다 네가 죄를 우리에게 입혔으리라

시작하며

성경말씀을 꾸준히 묵상하는 습관을 갖게 되면 삶의 지혜를 배우게 된다. 관계 형성에 대한 지혜, 재정에 대한 지혜, 말에 대한 지혜 등 세상에서 경험하고 사는 모든 일들에 대한 대답은

성경에 있다고 믿는다. 성경을 묵상하면서, 성경에 나와 있는 대답들을 삶에 어떻게 적용해야 하는지 아는 것이 우리들의 숙제가 아닐까 한다.

창세기 26장을 묵상하면서 '관계에서 한계선 긋기'에 대해 나누기 바란다.

경건한 지혜와 같은 관계의 한계선 긋기

창세기 26장을 읽어보자.

> 아비멜렉이 이르되 네가 어찌 우리에게 이렇게 행하였느냐 백성 중 하나가 네 아내와 동침할 뻔하였도다 네가 죄를 우리에게 입혔으리라 (창 26:10)

폭력을 행사하는 남편이 생각보다 많이 있다는 것을 부부상담을 하면서 알게 되었다. 상담하면서 영화에서나 볼 법한 이야기를 듣곤 한다. 남편이 아내 목에 칼을 들이대면서 "죽인다"고 위협하는 남편의 이야기를 들었다. 주먹으로 맞는 일은 그에 비하면 아무것도 아니다. 드라마가 아니라 실제 가정에서 일어나는 이야기다.

사실, 칼을 들이댄 일을 경찰에 고발하면 '살인미수'에 해당하는 죄목이 되지 않는가? 그렇게 칼을 들이대는 남편이랑 다음 날 또 같이 살 수 있는 아내는 정말 대단한 사람 같다. 얼마나 무서울까. 무섭지 않을 리가 없다. 언제 또 때릴지, 언제 또 칼을 들이댈지 알 수 없는 상황이다. 이런 것은 전쟁 중에서도 가장 치열한 영육 간의 전쟁이 아닐 수 없다. 어떤 아내는 그런 폭력을 당할 때 예수의 이름으로 '대적기도'를 하면서 이겨 낸다고도 말한다.

내가 이런 분들을 상담할 때 반드시 짚어 주는 이야기가 있다. 남편을 인내하고 참고 기도해 주는 것은 물론 중요하다. 이런 고통도 당하면 하늘에 상급이 쌓인다(?)는 위로도 필요할지 모르겠다! 그러나, 창세기 26장 10절 말씀, '네가 죄를 우리에게 입혔으리라'를 접목해 보면 생각이 달라질 것이다. 만일 내가 맞게 되면, 내가 고스란히 언어폭력을 당하고만 있으면 나는 그 사람으로 하여금 죄를 짓게 하는 것이 된다.

내가 폭언을 들어도 참고 아무런 말도 안 하고, 맞아도 그저 꾹 참고 아무 대꾸도 안 하면, 폭행하는 사람은 '아, 이렇게 해도 이 사람 잘 참는구나. 그렇게 힘이 드는 것도 아닌가 보군. 알았어! 그렇다면 더 해도 되겠군!' 하고 생각하며 폭행과 폭언을 가할 수 있다는 것이다.

내 딸 수진이가 고등학교 다닐 때 이야기이다. 수진이가 학교에서 아이들한테 왕따를 당하고 무시당하며 사는 것 같아 보였다. 그래서 그 이야기를 둘이서 하는데 수진이가 이렇게 한마디 했다.

"엄마! 나는 짓밟히고 사는 것에 적응이 되어서 괜찮아! 뭐 웬만큼 밟혔어야 말이지. 이제는 괜찮아!"

그러면서 상대편에게 아무런 대응을 하려 하지 않았다. 대들 엄두도 안 내는 것 같아서 딸에게 말해 주었다.

"수진! 나는 네가 착하게 사는 것은 좋다고 생각해. 착한 딸? 고맙지! 그러나 나는 네가 착한 아이이기보다는 건강한 아이였음 좋겠어. 너한테 막 대하는 사람들을 그냥 참는다고? 그건 착한 일이지. 그러나 이렇게는 생각해 봤어? 네가 그렇게 참고 아무런 말을 안 하니까 그 아이가 더 너를 욕하고 너를 마구 대하는 거라고.

네가 참고 있기 때문에, 너는 그 아이에게 죄를 짓게 하는 거야. 너에게 그러는 것이 죄가 아니겠니? 너한테 상처 주는 말을 아무렇지 않게 하도록 그대로 두면 그 아이는 말로써 죄를 짓는 것이 아니겠니? 네가 그 죄를 막아 줄 수도 있잖아. 왜 그런 말을 함부로 하게 만들어서 그 아이로 하여금 죄를 짓게 하니? 네가 그런 말은 더 이상 듣기 싫다고 해야지!

네가 자꾸 그런 말 하면 내가 상처 받으니까 그런 말 하지 말라고 이야기해야지! 이제 그러지 말라고 말하고, 네가 나에게 자꾸 이러면 나는 어떻게 하겠다, 이런 말도 할 줄 알아야지!

그런 말을 해도 그 아이가 계속 그런다면 어쩔 수 없을 수도 있지만, 네가 너의 '한계'를 말해 주지 않고 계속 참아서, 그 아이로 하여금 너를 학대하게 만드는 것이 지혜는 아니야!

네가 상처 받으면 왜 상처를 받는지 말해 줄 수는 있어야지. 네가 착하다고 해서 그 착함을 남들이 악용하게 만든다면 그것은 너의 죄가 될 수 있어. 수진이는 어떻게 생각해?"

이렇게 수진이와 나는 그날, 자기에게 상처를 주는 사람에 대한 처세술을 이야기하게 되었다.

부부의 경우, 아내가 남편한테 학대를 받으면서 무조건 아무 말 없이 인내하는 것이 정말 주님이 원하시는 성령의 열매 중 하나인 '인내'일까? 하나님은 그렇게 우리를 인내하라고 연단시키시는가? 그렇지는 않다. 하나님은 일반 상식이 없으신 분이 아니시다.

육신의 부모라도 딸이 시집가서 남편한테 폭력당하고, 심지어 남편이 술 마시면 칼을 갖고 와서 목에 들이대고 죽이겠다고 한다는데, 이렇게 말하는 부모가 있을까?

"얘, 네가 참고 살아야지. 그래도 네 남편인데! 그런 것을 인내라고 한단다. 하나님이 다 너를 연단시키는 거야. 정금같이 나오라고 연단시키는 과정에서 남편을 사용하시는 것이니 감사하는 마음으로 참으렴!"

육신의 부모님도 그런 말을 하지 않는다면, 하나님이 우리에게 그렇게 말씀하실 거라고 생각하는가?

하나님을 그렇게 오해하지는 않았으면 좋겠다. 우리의 어리석음과 무지를 '인내'라고 포장해서 말하지는 않았으면 한다.

말할 것은 말할 줄 알아야 한다는 것이다. 쓸데없는 말을 할 필요는 없지만, 내가 말하지 않고 인내함이 그 누군가에는 죄를 더하는 일이 될 수 있다는 것을 알아야 한다는 것이다.

아비멜렉과 이삭의 대화에서 우리가 알 수 있는 것이 있다.

이삭은 두려웠다. 아내 리브가가 예쁘니 남들이 자기를 죽이고 자기 아내를 취할까 봐 두려웠던 것이다. 그래서 거짓말을 한다. 이 거짓말에서 적어도 두 가지를 삶에 적용할 수 있겠다.

한 가지는, 하나님께서 아끼시고 하나님의 복을 많이 받은 사람도 인생에 두려워하는 것이 있을 수 있다는 것이다.

아버지 아브라함이 지은 죄를 고스란히 이어받은 이삭의 연약함 역시 이 부분을 통하여 알 수 있게 된다. 또한 하나님이 이 약한 부분을 도와주시는 것 역시 알 수 있게 된다.

그러나 이삭과 아비멜렉의 대화를 통하여 아비멜렉이 한 말에 주의를 기울여 보자.

이삭이 두려워 거짓말을 했기 때문에, 그 거짓말로 인하여 아비멜렉이 죄를 범했을 수도 있었던 것이다. 리브가가 이삭의 아내가 아니라고 했으니, 다른 사람이 리브가를 아내로 데리고 가서 간음죄를 범하는 죄를 지을 수 있었다는 것이다.

부부간의 극한 싸움에 이 이야기를 접목해 보자.

아내가 남편에게 생명의 위협을 받고도 아무런 말을 하지 않고 언어폭력을 당해도 다 감수하고 산다면, 극단적으로 말하면 나중에 남편이 칼을 들어 정말 아내를 죽이는 살인범이 될 가능

성도 있게 되는 것이다. 아내를 언어로 폭력을 가하는 것에 익숙해진다면, 그 남편은 자식들에게는 물론 사회에서도 그런 언어를 사용하게 될 것이고, 결국 누구도 사랑하기 힘든 사람이 될 수 있다는 이야기이다. 그러므로 다른 이들에게 죄를 짓게 할 여지를 피해 가도록 하는 것이 '경건한 지혜'라고 하겠다.

이것은 부부간의 대화법, 그리고 부부의 육적인 학대에만 해당되는 이야기가 아니다. 요즘 아가씨들은 짧은 치마와 지나치게 노출된 옷을 입고 다닌다. 이런 것들이 다 남자들의 마음에 음란한 생각을 유발시키는 촉진제 역할을 하는 것이라면, 적어도 하나님께 드리는 예배에 모든 집중을 해야 할 교회에서는 그런 옷차림을 안 하는 것이 형제들로 하여금 죄를 짓지 않도록 도와주는 일이 될 것이다.

또 자기가 가진 성공이나 부에 대해 지나치게 자랑하지 않으면, 그것이 없는 사람이 시기, 질투, 부러움, 자기 연민 같은 것에 빠지지 않도록 도와줄 수 있는 것이다.

우리가 관계에서 지혜로운 한계를 그을 줄 알아야 한다는 것이다.

1. 창세기 26장을 읽으면서 이 묵상의 적용에 동의하는가?
   건강한 관계 형성을 위해 한계선을 긋는 것이 필요하다고 생각하는가?

2. 위의 묵상에 적용된 부분을 동의하지 않는다면, 그 이유는 무엇인가?

3. 내 삶에 '남들에게 죄를 짓게 하는 부분'들이 있다고 생각하는가?
   어떠한 부분들이 그럴 가능성이 있다고 생각되는가?

암송구절

그런즉 우리가 다시는 서로 비판하지 말고 도리어 부딪칠 것이나 거칠 것을 형제 앞에 두지 아니하도록 주의하라 (로마서 14:13)

Therefore let us stop passing judgment on one another. Instead, make up your mind not to put any stumbling block or obstacle in your brother's way.
(Romans 14:13, NIV)

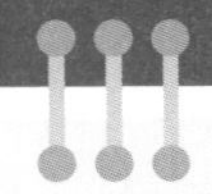
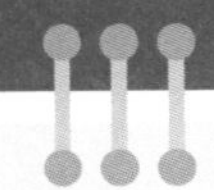

힘을 주는 묵상

주님, 오늘도 최고의 날입니다!
우리는 이 세상에서 숱한 관계를 맺고 살아갑니다.
사람은 저마다 다른 환경에서 자라고 다른 성향을 가지고 있기 때문에,
대화나 행동에서 오해가 생기는 경우가 비일비재합니다.
그렇기 때문에 늘 말씀을 묵상하고
그 안에서 답을 찾는 지혜가 필요합니다.
특히 '나'라는 한 사람의 행동이
다른 이로 하여금 죄를 짓게 할 여지를 주지 않도록
경건한 지혜 주시길 간구합니다.

1. 창세기 26장을 읽으면서 이 묵상의 적용에 동의하는가? 건강한 관계 형성을 위해 한계선을 긋는 것이 필요하다고 생각하는가?

이삭은 아내 리브가가 아름답기 때문에 그랄 사람들이 자신을 죽이고 아내를 취할 것이 두려워 거짓말을 했다. 이것은 그 지역 사람 누구든 리브가를 취할 빌미가 될 수도 있었고, 실제로 아비멜렉 왕이 '백성 중 하나가 네 아내와 동침할 뻔하였도다 네가 죄를 우리에게 입혔으리라'고 이삭을 책망하였다. 여기서 주목해서 보아야 할 것이 바로 '네가 죄를 우리에게 입혔으리라'는 말이다. 이삭이 자신이 해를 입을 것이 두려워 둘러댄 말로 인해, 자신도 모르게 범죄를 일으킬 여지를 남기는 것은 결국 또 다른 타인과의 건강한 관계 형성을 방해하는 일이다.

이렇게 극단적인 일이 아니더라도, 인간관계에서 자신의 입장이나 기분을 명확하게 밝히지 못했을 때 타인이 함부로 하게 되는 경우가 자주 생기게 된다. 이것은 관계의 발전에 큰 걸림돌이 되고 만다.

2. 위의 묵상에 적용된 부분을 동의하지 않는다면, 그 이유는 무엇인가?

죄를 짓는 것은 어디까지나 당사자 개인의 문제다. 성숙한 그리스도인이라면 주변 환경에서 고난의 이유를 찾지 않고 자기 안에서 문제를 발견하고 하나님과 해결해 나가야 한다.

3. 내 삶에 '남들에게 죄를 짓게 하는 부분'들이 있다고 생각하는가? 어떠한 부분들이 그럴 가능성이 있다고 생각되는가?

① SNS를 통해 어디를 가고 어떤 음식을 먹었는지 올리는 것이 일상인데, 그것을 늘 부러워하는 지체가 있다. 그 지체는 어려운 집안 사정 때문에 각종 아르바이트를 이어 가고 있기 때문에, 내 SNS가 시험이 될 수도 있을 것 같다.

② 평소 좋은 사람 콤플렉스에 걸려 있는 나는 공동체에서 기분 나쁜 말을 들어도 웃고 넘어가는 경우가 많다. 그래서인지 만날수록 나를 함부로 대하는 사람들이 많아지고 있는 것 같다. 단호하게 말하지 못하는 것이 공동체 사람들을 오히려 죄를 짓게 하는 빌미를 제공하지 않았을까 하는 생각이 든다.

14장

삶의 원동력!
이웃과의 진심 어린 관계!

사사기 18:28

[28]그들을 구원할 자가 없었으니 그 성읍이 베드르홉 가까운 골짜기에 있어서 시돈과 거리가 멀고 상종하는 사람도 없음이었더라 단 자손이 성읍을 세우고 거기 거주하면서

시작하며

성경을 읽을 때에 어느 곳을 펴도 공통적인 하나님의 관심은 '관계'에 있다는 것을 알 수 있다.

'하나님과의 관계!'를 비롯해서 가족, 이웃, 친척, 믿는 자들

과 안 믿는 자들과의 관계…. 그래서 성경에는 하나님을 '아버지'로, 예수님을 우리들의 '신랑'이라고도 비유하셨고 친구, 맏아들 등등으로 표현하기도 했다.

> 그들을 구원할 자가 없었으니 그 성읍이 베드르홉 가까운 골짜기에 있어서 시돈과 거리가 멀고 상종하는 사람도 없음이었더라 단 자손이 성읍을 세우고 거기 거주하면서 (삿 18:28)

본문에 라이스 성의 함락에 대한 이야기를 하면서 그 원인 중 하나가 그들이 어려울 때 그들을 도울 '관계있는 사람들'이 없었다고 한다. '시돈과 거리가 멀고, 상종하는 사람도 없었다.' 하는 이 말이 영어 표현으로는 'had no relationship with anyone else'(NIV)라고 나와 있다. 이것은 '관계하는 사람이 아무도 없었다.'로 번역할 수 있다.

'진심'으로 맺은 관계

내가 어려울 때 나를 도울 사람들은 대부분은 나랑 관계하고 있는 사람들이다. 또한 나와 관계하고 있는 사람들이 어려움을 당할 때 나 역시 그들을 나와 관계없는 사람들보다 우선순위로 도와주고 싶어진다.

본문 말씀에도 정확히 나와 있지만 '관계를 맺고 있는 사람'이 없어서 그들은 공격받을 때, 아무에게도 도움을 얻지 못했다고 한다.

내가 살고 있는 곳의 이웃들은 예수님을 믿지 않는 분들이 많이 있다. 그런 분들에게는 언제나 무엇인가 베푸는 것으로 '관계 전도'에 힘쓰고 있다. 지방에 다녀올 때면 지방에서 유명하다 하는 음식들을 챙겨 와서 이웃들에게 가져다준다. 1년 내내 가게를 여시는 동네 슈퍼마켓 할아버지는 딱히 맛집에 가실 시간이 없으시다. 그러니 "마침 맛집 갈 일이 있어서 할아버지 기억나서 사 가지고 온 거예요!"라고 말씀드리면 당신들을 기억해 주셨다고 아주 고마워하신다. 이웃들과 관계를 잘 맺는 비결은 '진심'에 있다고 생각한다.

값비싼 선물들도 좋은 선물이지만 꼭 우리가 전하는 사랑의 표현이 물질의 크기에 있지 않아도 '진심'이 담겨 있다면 그 진심이 사람들의 마음에 감동으로 전해지는 것이다. "하나님은 사랑이시다!"라고 우리는 알고 있다. 우리가 맺는 이웃들과의 관계 속에서 '진심'이 함께한다면 우리의 이웃들은 우리가 '하나님을 믿는 사람'이라는 것을 알게 될 것이다. '진심'을 통하여 맺어 놓은 '관계'들은 우리의 어려운 시간들을 함께해 주는 이웃으로 남아 있게 된다.

내가 사는 곳 근처에 붕어빵 파는 부부가 있다. 평소에 횡단보도 건너면서 늘 인사를 하고 "오늘 많이 파셨어요? 요즘 건강은 좀 어떠세요?" 안부 인사를 여쭙고 생신 때에는 케이크 하나 사 드리고, 계절 바뀔 때 옷 하나씩 선물 하면서 이렇게 '관계'를 맺어 두었더니 아직은 예수님을 믿지 않지만 내 막냇동생 결혼식 때 두 분이서 붕어빵 파시는 것을 하루 접으시고 결혼식장에 오셨었다. 얼마나 그 일이 내게 감동이 되었는지 모른다.

진심이 담긴 사랑으로 우리들이 모든 관계를 맺게 된다면, 우리들이 삶은 더더욱 '풍성한 삶'이 될 것이다.

1. 내가 힘들 때 생각나는 이웃(공동체의 지체)이 있는가?

2. 나는 평소에 이웃들과(교회의 지체들)과 어떠한 관계를 갖고 있는가?

3. 이웃을 향한 사랑을 표현하는 데 나는 어떤 방법을 사용하고 있는가?
예) 안부 물어보기, 생일 챙겨 주기, 기도해 주기 등

암송구절

둘째도 그와 같으니 네 이웃을 네 자신 같이 사랑하라 하셨으니
(마태복음 22:39)

And the second is like it: 'Love your neighbor as yourself.' (Matthew 22:39, NIV)

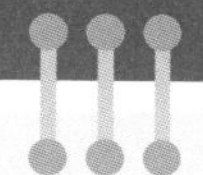
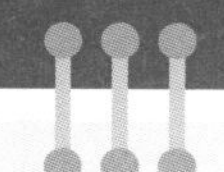

힘을 주는 묵상

주님, 오늘도 최고의 날입니다!
우리 주위에 좋은 이웃들을 주셔서 감사합니다.
그들이 하나님을 더 가까이하고 싶은 마음이 들도록
나를 사용하여 주옵소서.
또한 고통 받고 낮아져 있는 이웃들을
하나님의 마음으로 위로할 수 있는 능력과 힘을 주시고,
그로 인해 나 또한 채워질 수 있는
선순환이 이루어지면 정말 좋겠습니다!

1. 내가 힘들 때 생각나는 이웃(공동체의 지체)이 있는가?

① 공동체에 들어와서 가장 먼저 만난 리더나 간사, 순장 등 리더십

② 단골로 지내는 동네 슈퍼나 가게 상인들

③ 가장 힘들 때 찾아와서 위로해 주었던 멘토

④ 가깝게 지내는 앞집(옆집)에 사는 이웃

2. 나는 평소에 이웃들과(교회의 지체들)과 어떠한 관계를 갖고 있는가?

① 일주일에 한 번, 주일에만 만나는 정도다.

② 평소에도 자주 연락을 취하고 개개인의 사정을 속속들이 알면서 지낸다.

③ 주기적으로 시간을 정해 모임을 가지며 기도제목을 나눈다.

3. 이웃을 향한 사랑을 표현하는 데 나는 어떤 방법을 사용하고 있는가?

예) 안부 물어보기, 생일 챙겨 주기, 기도해 주기 등

① 일부러라도 자주 찾아가서 인사를 하고 음식을 나누기도 한다.

② 매주 기도제목을 물어보고 그것을 놓고 함께 기도하는 시간을 가진다.

③ 기쁜 날이 있을 때는 물론, 몸이 아프거나 기분이 좋아 보이지 않을 때도 작은 선물을 준비해서 전달한다.

④ 격려의 문자메시지를 보내 준다.

15장
불편한 관계 속에서 하나님의 뜻 알아 가기

사무엘상 29:6-11

[6]아기스가 다윗을 불러 그에게 이르되 여호와께서 살아 계심을 두고 맹세하노니 네가 정직하여 내게 온 날부터 오늘까지 네게 악이 있음을 보지 못하였으니 나와 함께 진중에 출입하는 것이 내 생각에는 좋으나 수령들이 너를 좋아하지 아니하니
[7]그러므로 이제 너는 평안히 돌아가서 블레셋 사람들의 수령들에게 거슬러 보이게 하지 말라 하니라
[8]다윗이 아기스에게 이르되 내가 무엇을 하였나이까 내가 당신 앞에 오늘까지 있는 동안에 당신이 종에게서 무엇을 보셨기에 내가 가서 내 주 왕의 원수와 싸우지 못하게 하시나이까 하니
[9]아기스가 다윗에게 대답하여 이르되 네가 내 목전에 하나님의 전령 같이 선한 것을 내가 아나 블레셋 사람들의 방백들은 말하기를 그가 우리와 함께 전장에 올라가지 못하리라 하니
[10]그런즉 너는 너와 함께 온 네 주의 신하들과 더불어 새벽에 일어나라 너희는 새벽에 일어나서 밝거든 곧 떠나라 하니라
[11]이에 다윗이 자기 사람들과 더불어 아침에 일찍이 일어나서 떠나 블레셋 사람들의 땅으로 돌아가고 블레셋 사람들은 이스르엘로 올라가니라

시작하며

'주는 것 없이 미운 사람'이 있기도 하지만 반면, '받는 것 없이 그냥 좋은 사람'이 있다고 한다. 나를 만나는 사람은 모두 다

나를 좋아하는가? 나를 좋아하지 않는 사람이 내가 맺고 있는 관계 가운데 있다고 한다면 나는 그들을 향하여 어떤 생각을 갖는 것이 하나님을 기쁘게 하는 것일까?

"하나님은 선하시다! 항상 선하시다!" 이렇게 고백하며, 내게 일어나는 모든 일들이 '나를 위함'이라고 생각하는 것이 하나님이 기뻐하는 생각이 아닐까?

우리의 삶의 목표가 모든 사람이 다 나를 사랑하게 만들어야 하는 것이 아니라 우리 하나님을 기쁘게 하는 것이라면, 오늘 나에게 주어진 모든 환경이 '나를 위함'이라고 감사의 고백을 한다면, 나는 내 삶의 목표를 이루어 가고 있는 것이다.

나를 위한 하나님의 선하신 계획

아기스가 다윗을 불러 그에게 이르되 여호와께서 살아 계심을 두고 맹세하노니 네가 정직하여 내게 온 날부터 오늘까지 네게 악이 있음을 보지 못하였으니 나와 함께 진중에 출입하는 것이 내 생각에는 좋으나 수령들이 너를 좋아하지 아니하니 (삼상 29:6)

'수령들이 좋아하지 아니하니.' 블레셋 군대의 왕인 아기스는 다윗을 좋아하나 그와 함께하는 수령들은 다윗을 좋아하지 않는다는 것이다.

이 상황을 잘 살펴보면 사실 이렇게 수령들이 다윗을 좋아하지 않으므로 말미암아 아기스 왕이 해야 했던 결정이 결국은 다윗을 위해 좋은 일이 된다.

지금 다윗의 입장은 참 곤란한 상태다. 아기스 왕이 공격하려고 하는 적은 바로 다윗 자신의 민족인 이스라엘 백성들이기 때문이다. 다윗은 이스라엘의 왕이 될 사람인데 자기 민족을 공격해서야 되겠는가! 그러나 자기를 지금까지 돌봐 준 아기스 왕을 도와 전장에 안 나가자니 그것도 신의를 버리는 일이니, 진퇴양난인 것이다. 그런데 아기스 왕의 수령들이 다윗을 전장에 데리고 가지 말아야 한다고 하니! 할렐루야! 내심 다윗도 기쁘게 생각했을 것이다.

이것을 우리들의 삶에도 접목해 볼 수 있다.

우리는 직장 또는 학교생활에서, 또 교회에서 열심히 일하고 최선을 다했는데도 기대한 만큼의 '인정이나 칭찬이나 감사의 말'을 듣지 못할 때가 있다.

마귀의 이름 중에 '섭섭이 마귀'가 있다고 하는데, 이런 마귀들은 무엇인가 열심히 한 사람들한테 다가오는 적의 손길이라고 할 수 있겠다. 다른 사람에게 아무것도 해준 것 없는 사람은 섭섭한 마음을 가질 이유가 없다. 반면에 무엇인가로 섬겼던 사람이 있다. 시간이든지, 물질이든지, 마음 다한 기도였든지…. 어떤 모양으로든 섬김이 있었음에도 불구하고 그러한 것이 아무런 인정을 받지 못했다고 생각할 때 마음은 '섭섭이의 공격'을 받게 된다. 섭섭하기만 하면 차라리 다행이지만 열심히 일을 했는데 누군가는 나를 오해하고 비방하고 중상모략을 하게 되는 경우도 우리 삶 가운데서 일어난다는 것이다. 그런데 이 모든 것이 다 누구를 위함인가?

'나를 위한 선하신 하나님의 계획 가운데 하나하나의 징검돌'이자, 사람을 바라보지 않고 하나님을 바라보게 한 축복인 것이다.

사람은 기대할 대상이라기보다는 사랑할 대상이다. 그리고 성경은 모든 사람에 대하여 '감사한 마음'을 가지라고 한다. 그 누구라도 다 감사의 대상인 것이다. 나를 속이면 속여서 감사하다. '속임 받으면 가슴 아프니 나는 남들 속이면 안 되겠다.' 그렇게 다짐하게 되는 교훈을 주니 나를 속이는 사람도 감사하게 되는 것이다.

나를 배반하는 사람도 감사하다. 배반당할 만한 일을 했다, 안 했다가 중요하다기보다는 이런 일은 누구에게나 일어날 수 있다는 것을 생각하면서 '내가 잘살았는데 왜 나에게 이런 일이?' 이렇게 '자기 의'를 나타내야 할 필요를 접어 버리게 하니 배반하는 사람이 내 삶에 있음이 감사한 것이다.

나를 사랑하기 힘들어 하고 인정하기 힘들어 하는 사람도 감사하다. 이렇게 사랑해 주기 힘든 나를 하나님은 너무 쉽게 사랑해 주시니 하나님의 나를 향한 사랑을 깨닫게 해주니 감사한 일인 것이다.

우리 인생에 그 누가 '자기 의'로 살아갈 사람이 있으랴! 모든 것이 다 주님의 은혜인 것을! 하나님이 우리를 향한 계획이 바로 '그리스도의 장성한 분량'까지 자라나는 것이니 우리는 어떤 일을 만나도 어떤 상황에서도 이 모든 것이 '나를 위함이라!' 하는 고백을 주님께 올려 드리면 주님이 기뻐하시리라!

1. 나를 싫어하는 사람이 내가 맺고 있는 '관계' 안에 있는가?

2. 그가 나를 싫어하는 이유가 무엇이라고 생각하는가?

3. 억울하다고는 생각되지만 그래도 이 상황에서 내가 감사할 수 있는 조건들을 나열해 본다면 무엇이 있는가?

4. 부정적인 일로 시작되었지만 나중에 좋은 일로 변화된 경험이 있는가? 그 경험을 서로 나누어 보면서 '하나님의 선하심'을 형제, 자매에게 고백하는 시간을 가져 본다.

암송구절

주의 법을 사랑하는 자에게는 큰 평안이 있으니 그들에게 장애물이 없으리이다 (시편 119:165)

Great peace have they who love your law, and nothing can make them stumble. (Psalms 119:165)

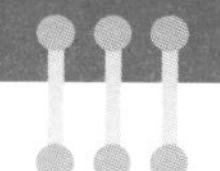
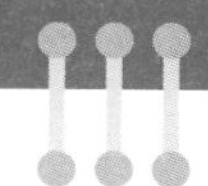

힘을 주는 묵상

주님, 오늘도 최고의 날입니다!
다양한 사람들과 관계를 맺고,
여러 공동체에 속하여 살아가게 하시니 감사합니다.
때로는 그들이 나를 미워하고 납득할 수 없는 이유로 괴롭혀 올 때도,
그 안에서 감사함을 배우게 하시고
그 과정들을 거쳐 저를 성숙하게 해주시는
하나님께 감사하게 하옵소서!

1. 나를 싫어하는 사람이 내가 맺고 있는 '관계' 안에 있는가?

① 같은 소그룹에 속해 있어서 매주 봐야 하는 한 지체가 나에게 인사도 잘 하지 않고, 다른 사람에게 내가 모임에 나왔는지 안 나왔는지를 매주 물어봐서 내가 오지 않았을 때 모임에 적극 참여한다고 한다.

② 동기(직장 동료)가 내가 하는 일마다 불만을 표시하고 다른 동기들(동료들)에게도 내 험담을 한다.

③ 이전부터 친하게 지내던 친구들이 서서히 나를 빼놓고 만난다.

2. 그가 나를 싫어하는 이유가 무엇이라고 생각하는가?

개인적으로 떠오르는 사건이나 이유에 대해 나누어 본다.

3. 억울하다고는 생각되지만 그래도 이 상황에서 내가 감사할 수 있는 조건들을 나열해 본다면 무엇이 있는가?

① 나에게 상처가 되는 말들은 다른 사람에게도 상처가 될 수 있다는 것을 깨닫고 언행을 조심하게 되었다.

② 사람에게 의지하고 기대는 성향을 많이 수정할 수 있었다.

③ 교회 공동체이든 회사든 학교든 다양한 사람이 모여 있고, 그만큼 서로를 이해해야 하는 폭이 넓어져야 함을 알게 되었다.

4. 부정적인 일로 시작되었지만 나중에 좋은 일로 변화된 경험이 있는가? 그 경험을 서로 나누어 보면서 '하나님의 선하심'을 형제, 자매에게 고백하는 시간을 가져 본다.

① 들어가기 싫었던 학교(또는 직장)에 어쩔 수 없이 가게 되었는데, 거기서 평생의 멘토와 동역자들을 만나게 되었다.

② 내가 이것을 왜 해야 하는지 도무지 알 수 없었던 업무나 과제가 있었지만 후에 그때 했던 작업이 기반이 되어 더 큰 프로젝트를 맡게 되었다.

③ 평소에 존경했던 목회자나 교수님의 신앙상담과 지도를 바라고 있었는데 '저분만 아니었으면….' 했던 분으로부터 오랜 시간 지도를 받게 되었다. 하지만 그분들을 통해서 오히려 깊은 통찰력을 배웠고, 사람을 단편적으로 평가하면 안 된다는 사실도 깨닫게 되었다.

마음속 두드림

초판 1쇄 발행 2017년 08월 28일
3쇄 발행 2018년 03월 27일

지은이 임은미
발행인 이영훈
주 간 김호성
편집인 김형근
편집장 박인순
기획 · 편집 강지은
영업 · 마케팅 김미현 이기쁨
디자인 김한희

펴낸곳 교회성장연구소
등 록 제 12-177호
주 소 서울특별시 영등포구 여의공원로 101 CCMM빌딩 7층 703B호
전 화 02-2036-7928(편집팀) 02-2036-7935(마케팅팀)
팩 스 02-2036-7910
쇼핑몰 www.pastormall.net
홈페이지 www.pastor21.net
페이스북 www.facebook.com/pastor21

ISBN | 978-89-8304-271-2 03230
*값은 뒤표지에 있습니다.
*잘못된 책은 구입하신 서점에서 교환해드립니다.

"무슨 일을 하든지 마음을 다하여 주께 하듯 하라" (골 3:23)

교회성장연구소는 한국 모든 교회가 건강한 교회성장을 이루어 하나님 나라에 영광을 돌리는 일꾼으로 성장하는 것을 목표로, 목회자의 사역은 물론 성도들의 영적 성장을 도울 수 있는 필독서들을 출간하고 있다. 주를 섬기는 사명감을 바탕으로 모든 사역의 시작과 끝을 기도로 임하며 사람 중심이 아닌 하나님 중심으로 경영한다. "무슨 일을 하든지 마음을 다하여 주께 하듯 하라"는 말씀을 늘 마음에 새겨 하나님께서 주신 사명을 기쁨으로 감당한다.